ÍCONES DA MODA
FEMININA

Título original: *Icons of women's style*

Publicado originalmente na Grã-Bretanha em 2015 por Laurence King Publishing Ltd., 361-373 City Road, Londres EC1V 1LR

Coordenação do projeto: Publifolha
Editora assistente: Fabiana Medina
Produtora gráfica: Samantha R. Monteiro

Produção editorial: A2
Coordenação: Sandra R. F. Espilotro
Tradução: Carolina Caires Coelho
Consultoria: Eduardo Viveiros
Preparação de texto: Ronald Polito
Revisão: Maria A. Medeiros, Carmen T. S. Costa
Diagramação: A2

Edição original: Laurence King Publishing
Design: Eleanor Ridsdale
Pesquisa iconográfica: Tom Broadbent
Editora adjunta: Helen Rochester
Editora sênior: Sophie Wise

Dados Internacionais de Catalogação na Publicação (CIP)
(Câmara Brasileira do Livro, SP, Brasil)

Sims, Josh

Ícones da moda feminina / Josh Sims ; [tradução Carolina Caires Coelho]. -- São Paulo : Publifolha, 2014.

Título original: Icons of women's style.
ISBN 978-85-7914-567-4

1. Moda feminina - História I. Título.

14-12675 CDD-391.209

Índices para catálogo sistemático:
1. Moda feminina : Usos e Costumes : História 391.209

Este livro segue as regras do Acordo Ortográfico da Língua Portuguesa (1990), em vigor desde 1º de janeiro de 2009.

Impresso na Prosperous, China.

PUBLIFOLHA
Divisão de Publicações do Grupo Folha
Al. Barão de Limeira, 401, 6º andar
CEP 01202-900, São Paulo, SP
Tels.: (11) 3224-2186/2187/2197
www.publifolha.com.br

ÍCONES DA MODA
FEMININA

JOSH SIMS

PUBLIFOLHA

Alix

SUMÁRIO

Acima: Espartilho Mainbocher em fotografia icônica de Horst P. Horst para a *Vogue*, 1939. Página ao lado: Vestido de veludo azul usado com pérolas e escarpins amarelos, 1940.

INTRODUÇÃO

"Somente os superficiais não julgam pela aparência", a tirada de Oscar Wilde talvez seja mais verdadeira hoje do que nunca – a moda é um negócio global que atinge um número enorme de mulheres. E embora as tendências mudem, existe mais oportunidade de se vestir com individualidade, escolhendo o melhor de mais de um século de estilos.

As opções são muitas. Enquanto a moda masculina se baseia em um cânone principal de determinadas peças – mudam os detalhes, mas a essência se mantém –, a moda feminina busca a inovação de design e o desejo pelo radicalmente novo, não tanto a continuidade.

Nos últimos oitenta anos ou mais, graças ao advento da globalização dos mercados e das comunicações, os estilistas têm conseguido moldar o guarda-roupa de milhões de mulheres de maneira extrema (e com certeza de uma forma que os estilistas de moda masculina apenas sonhariam). A filosofia da maioria dos estilistas pioneiros de moda feminina é se preocupar menos com a funcionalidade do que com a diversão – a diversão de se vestir, a diversão de mudar apenas por mudar. Como Wilde insinuou, é superficial, mas de um jeito bom. Os melhores designs permaneceram e se tornaram a base para a criação de novas ideias na moda.

nostálgica mais do que outros – as modas do passado, depois que se foram, para muitas pessoas poderiam ser deixadas lá mesmo. Mas, muitas vezes, elas se mostraram revigoradas e interessantes para novas gerações que as redescobriram, seja por meio de um estilista que pesquisou os arquivos públicos de uma empresa, seja como resultado de uma viagem pessoal de alguma personalidade daquela geração pela história da moda, talvez por meio do mercado de roupas vintage.

Tais designs com frequência tiveram um impacto muito maior do que o esperado, pelo menos quando foram apresentados. Como a história da moda feminina no século XX também é a história da transformação do papel da mulher na sociedade, tais ícones algumas vezes também refletiram, e até moldaram, as mudanças em nosso modo de pensar: a respeito das mulheres no ambiente de trabalho ou da sexualidade feminina, por exemplo.

De mulheres de calças às com terninhos poderosos, minissaias ou biquínis pequenos àquelas moças carregando certas bolsas – frequentemente mais como símbolo de status do que para levar coisas dentro –, ou certas atitudes, da romântica à radical, da andrógina à de vez em quando estranha, um único estilo de se vestir tem sido visto como algo muito além de cobrir o corpo. A diversão também pode ter significado.

Página ao lado: Twiggy (à direita) e outra modelo com minivestidos dos anos 1960. Acima: Audrey Hepburn com um pretinho básico, c. 1955.

1.

CASACOS

trench coat / jaqueta de montaria / jaqueta de couro / capa

TRENCH COAT

Quando George Peppard, interpretando um pretendente desesperado, enfim abraça Holly Golightly, personagem de Audrey Hepburn, no filme *Bonequinha de luxo* (Blake Edwards) de 1961, chove a cântaros. O bom é que ela veste um trench coat. A roupa mais elegante do filme, claro, é o pretinho básico de Golightly (p. 42), que tornou Hepburn um ícone de estilo. Mas a imagem dela com uma peça que, até aquele momento, era vista como masculina também causou furor, apesar de, ou talvez devido a, seu corpo pequeno, pois a cintura bem marcada com certeza a ajudou a ganhar notoriedade entre as mulheres. As vendas do casaco para mulheres subiram muito, estabelecendo-o como um clássico da moda. Pouco tempo depois, ganhou ainda mais pontos quando Jacqueline Kennedy Onassis, Joanne Woodward e Brigitte Bardot (no filme *As malícias do amor*, Edward Molinaro, 1964) foram vistas usando o trench.

Mas essa foi a segunda onda de popularidade do trench coat. As mulheres já o haviam vestido antes, em especial durante o início da década de 1920, tanto como uma afirmação de emancipação quanto de moda. Mais uma vez, foram as estrelas do cinema interpretando o arquétipo de mulher forte que marcaram o trench coat: Greta Garbo no set de *Mulher de brio* (Clarence Brown, 1928), Gloria Swanson em *Minha rainha* (Erich von Stroheim, 1929) e Bette Davis em *Escravos do desejo* (John Cromwell, 1934). O trench coat continuou sendo usado para sinalizar uma masculinidade petulante – Katharine Hepburn vestiu um trench coat largo em *A saia de ferro* (Ralph Thomas, 1956), por exemplo – até Audrey Hepburn feminizar a peça.

A Burberry, coinventora do modelo, fez o casaco de *Bonequinha de luxo*. No período pós-Segunda Guerra, os protagonistas masculinos e, às vezes, femininos de Hollywood – como Robert Mitchum, Ava Gardner e Humphrey Bogart – tentaram mostrar o trench coat como algo pura-

Página ao lado: Modelo protege-se da chuva com trench coat Weatherbee no meio de um campo na Suíça. Abaixo, à esquerda: Catherine Deneuve e Nino Castelnuovo em *Os guarda-chuvas do amor* (1964). Abaixo, à direita: Audrey Hepburn e George Peppard em *Bonequinha de luxo* (1961).

Um retrato da atriz francesa Annabella com iluminação dramática, na revista *Vogue*.

mente norte-americano (sem falar da escolha padrão do tipo detetive durão de *film-noir*), mas ele é uma invenção britânica, dividida, apesar da rivalidade, entre Aquascutum e Burberry. A Aquascutum inventou a primeira lã à prova d'água, criou um casaco de combate para soldados da Guerra da Crimeia (1853-56) e, mais tarde, monopolizou o mercado de trench coats nos filmes. Enquanto isso, o vendedor de tecidos Thomas Burberry inventou a gabardine em 1879 e conseguiu um contrato para fornecer uma capa de chuva ao estilo trench para as guerras dos Bôeres e outras.

O trench coat, uma das peças mais antigas do exército, ainda muito usada, foi feito para ajudar a manter os uniformes limpos, sem lama, nas trincheiras da Segunda Guerra, apesar de só poder ser usado por oficiais. Isso explica as dragonas, que continuam existindo, nas quais se prendia a insígnia da patente. As mangas raglã vinham com faixas nos punhos, o anel em D na cintura servia para prender munições e outros equipamentos, e a aba corta-vento no ombro, além de permitir que a chuva escorresse, também ajudava a suavizar o coice do tiro do rifle.

Tais preocupações por certo não foram prioridade para as atrizes Charlotte Rampling, Catherine Deneuve ou Charlotte Gainsbourg, pois todas incorporaram o trench coat como parte de seu estilo e mantiveram a peça essencial à ideia do chique francês. Décadas mais tarde, Kate Moss mostrou a peça em campanhas publicitárias da Burberry, e Victoria Beckham e Kate Middleton (a duquesa de Cambridge) também se tornaram fãs. Poucos itens passaram pelo teste do tempo no guarda-roupa feminino como o trench coat. Ele se revelou uma peça básica que pode ser reinventada diversas vezes, seja com a adição de cores fortes ou mangas em contraste ou aumentando ou reduzindo os dez botões originais da frente.

Abaixo, à esquerda: Kate Middleton, duquesa de Cambridge, em visita real em 2011, numa ventania. Abaixo, à direita: Ginger Rogers, dançarina norte-americana, além de atriz e parceira de Fred Astaire, c. 1943.

JAQUETA DE MONTARIA

Abaixo: Ilustração de 1884, da *Vanity Fair*, de Elisabeth da Bavária, esposa do imperador Franz Joseph, vestida com um hábito de montaria. Mais abaixo: Alice e Nancy Whitney, filhas do financista Richard Whitney, vestidas para montar no Far Hills Horse Show, Nova Jersey, 1933.

Quando Vivienne Westwood lançou sua coleção Harris Tweed no outono/inverno de 1987, o mais interessante não foi tanto sua animação com o que havia passado a ser visto como um tecido antiquado, mas, sim, a sugestão de sua essência inglesa ou, ao menos, o estereótipo evocado pelos enclaves aristocráticos de casas de campo e internatos, de caça, tiro e pesca.

Em particular, a caça. Enquanto outros estilistas, como Ralph Lauren, usavam a jaqueta de montaria para mostrar uma condição inglesa classe alta, Westwood reformulou as versões em *barathea* [tecido com trama muito apertada e textura granulosa] vermelha e em xadrez Tattersall para dar um toque no que, por suposto, seria a sexualidade inglesa muito reprimida debaixo de todo aquele traje formal e bem-acabado. A versão dela era a sugestão da amazona dominatrix toda paramentada, mostrada do modo análogo por Jilly Cooper em seus romances *Riders* (1985) e *Polo* (1991). Essa inter-relação entre o ousado e o apaixonado tornou a jaqueta de montaria uma peça básica do guarda-roupa feminino.

A história da jaqueta de montaria foi, no início, a cópia de uma roupa masculina para a mesma prática. No princípio do século XVII, uma mulher grã-fina – o que uma mulher precisava ser para ter um cavalo, montar e pagar um alfaiate para fazer roupas especiais para isso – poderia vestir um gibão ou, mais tarde, o que passou a ser chamado de *justacorps* (um casaco comprido, na altura dos joelhos, introduzido na moda masculina por Carlos II em 1666), em geral feito de brocado de seda e decorado com peças caras, de bordados pesados a tranças douradas.

Só nos anos 1730 o casaco começou a ficar parecido com a peça de hoje e, embora baseado na versão masculina, também começou a ser adaptado para a moda feminina. A jaqueta era usada aberta, fechada apenas no peito com um ferrolho e um gancho, e tinha punhos pequenos e botões escondidos na lapela invertida, assim como a moderna jaqueta de montaria masculina da época. Era feita nas cores do regimento do marido de quem a usava, acompanhada por uma saia mais ampla para acomodar os vestidos com armação usados por baixo. Esse peplum evasê aumentou e diminuiu conforme as saias das mulheres foram se tornando mais ou menos cheias.

No fim do século XVIII, as jaquetas de montaria acompanhavam com mais proximidade a moda feminina: quando a cintura alta da silhueta império passou a ser moda, as jaquetas foram drasticamente encurtadas e terminavam logo abaixo do busto. Os elementos masculinos permaneceram, fazendo jus ao uniforme militar, como botões em fileira única ou dupla na frente da jaqueta, que eram um detalhe típico. Mas se uma mulher decidisse montar usando um redingote – um casaco comprido feito vestido, a versão feminina da sobrecasaca –, a peça teria sido feita por um alfaiate e, em consequência, manteria um toque mais masculino.

No início do século XX, as jaquetas de montaria passaram a ser, mais uma vez, um tipo de interpretação daquelas usadas pelos homens: a moda de montaria para homens envolvia uma jaqueta lisa, curta e quadrada conhecida como paletó saco, e a versão feminina seguiu a mesma linha, com uma peça mais ajustada que se tornou mais bonita com a adição de pences. De fato, era tão bonita que as mulheres começaram a usá-la em outras situações e em cores da moda além do vermelho, verde ou azul-marinho tradicionais. A assinatura final característica da versão feminina da peça surgiu nos anos 1930, quando a frente da jaqueta foi cortada para impedir que entrasse em contato com a sela.

Modelo com jaqueta de montaria em xadrez e kilt escocês, por Vivienne Westwood, que fez das roupas de montaria uma marca registrada.

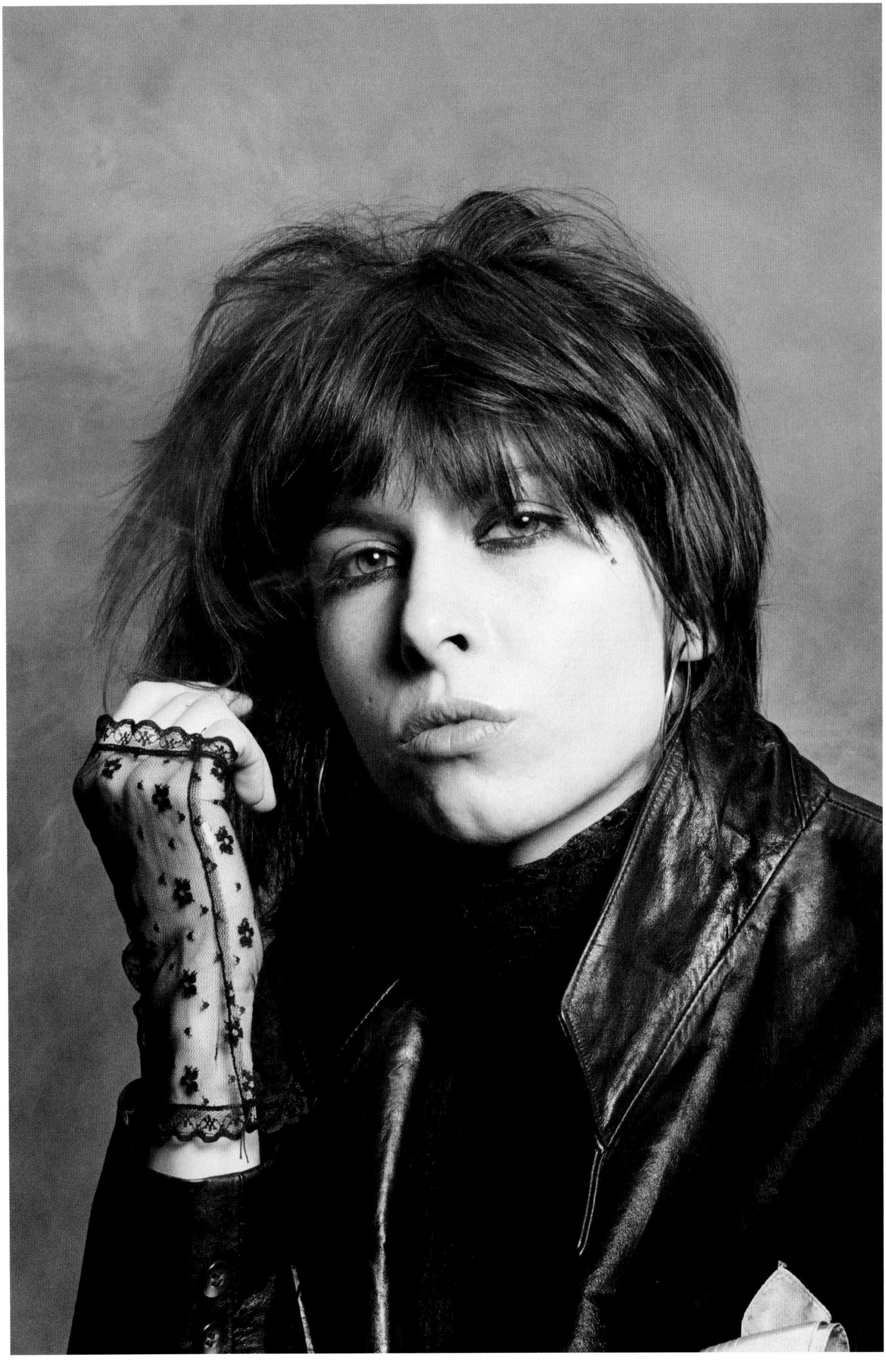

JAQUETA DE COURO

A jaqueta de couro é a peça mais masculina que existe. Além do couro em si – em geral resistente e brilhante, parecido com uma casca –, as conotações são as de enclaves historicamente masculinos, desde gangues de motociclistas até o exército. Assim, talvez tenha sido necessária uma subcultura tão combativa quanto a punk para levar a jaqueta de couro ao guarda-roupa feminino. Para os punks, os toques de fetichismo – principalmente as jaquetas de motociclistas, zíperes, cintos e couro duro – apenas aumentaram sua rebeldia contra as normas da sociedade, fossem elas do consumismo, do conservadorismo ou da roupa específica para um gênero. A jaqueta de couro pesada e customizada foi um símbolo do anticonformismo para Jordan, a gerente da loja londrina Sex, dos pioneiros do punk Vivienne Westwood e Malcolm McLaren, para Siouxsie Sioux e também para Sid Vicious, do Sex Pistols. Outra subcultura – grunge – ressaltaria a condição unissex da jaqueta de couro nos anos 1990: o ícone de *Vida de solteiro* (Cameron Crowe, 1992), um dos filmes da época sobre grunges, com Bridget Fonda e Matt Dillon, ambos com jaquetas de couro.

Isso tudo apesar de a jaqueta de couro clássica, a Perfecto, ter se tornado famosa graças a um dos personagens mais másculos do cinema: Johnny, interpretado por Marlon Brando, no filme *O selvagem* (Laslo Benedek, 1953), líder niilista de uma gangue de motociclistas. A Perfecto, desenhada e feita por Irving Schott, da Schott Bros, no início para uma concessionária da Long Island Harley Davidson, foi a primeira jaqueta com zíper. Com dragonas, tachas, fechos de pressão na gola e couro de cavalo, sem falar da popularidade entre motociclistas barra-pesada, de rockers a greasers, era sinal de masculinidade, ou de encrenca mesmo.

Uma história parecida pode ser contada a respeito de outras peças de roupa de couro, a base para tantas cópias, desde a jaqueta marrom-es-

Página ao lado: A roqueira Chrissie Hynde, líder da banda Pretenders, com roupas de couro em 1979. Abaixo, à esquerda: Cartaz do filme *Vida de solteiro* (1992), que ajudou a tornar a jaqueta de couro uma peça básica do grunge. Abaixo, à direita: Modelo todo em couro do estilista francês Claude Montana, para sua coleção outono/inverno 1996/97.

curo Irvin, com gola de pelo de carneiro, dada a soldados pilotos da Força Aérea Real (RAF) durante a Segunda Guerra Mundial, à jaqueta de piloto castanho-avermelhado A2, criada para a Força Aérea Americana.

A última foi feita em 1930 e se manteve padrão para pilotos do Exército norte-americano até 1943. Mas, desconsiderando as regras, foi mantida por muitos que se afeiçoaram às jaquetas, que ainda foram usadas durante a Guerra da Coreia, que terminou em 1955.

Se o punk escolheu a jaqueta de couro para ser usada pelas mulheres, foi mais a influência militar na moda dos anos 1980 que a manteve em voga. Versões mais curtas apareceram, assim como aquelas com ombreiras ou mais justas. O couro se tornou mais macio, mais luxuoso e, às vezes, muito mais colorido para as mulheres usarem. Yves Saint Laurent esteve duas décadas à frente de seu tempo por mostrar uma jaqueta de couro preta como parte de sua coleção Beat dos anos 1960. Mas foi preciso que os estilistas Giorgio Armani, Gianni Versace, Azzedine Alaïa, Thierry Mugler e Chanel ajustassem a jaqueta de couro de modo bem-sucedido para dar a ela um toque mais feminino, sem perder por inteiro a sugestão de inconformismo.

À esquerda: A jaqueta de couro customizada se tornou uma peça básica punk – como as usadas em Chelsea, Londres, em 1984.
Abaixo: A popstar Rihanna com uma jaqueta de couro curta no MTV Awards em 2008.
Página ao lado: A cantora francesa Françoise Hardy com uma versão mais moderna da jaqueta de couro para andar de moto, em 1969.

HONDA
431
W 75

CAPA

Em sua forma mais básica, exigindo pouco mais do que um pedaço de lã sobre os ombros, a capa ou manto e suas variações – a túnica ou a pelerine, por exemplo, ou, em uma forma mais leve, a estola dos anos 1960 ou a pashmina dos anos 1990 – fazem parte do modo como nos vestimos há milênios. Os romanos usavam capas, mas só na Renascença elas se tornaram uma peça mais ajustada ao redor do pescoço, como as das óperas. A capa oferecia praticidade – era uma cobertura que aquecia e era envolvente –, motivo principal pelo qual toda mulher usava uma capa longa com capuz durante os séculos XVI e XVII. Essas qualidades foram determinantes para que a capa se tornasse peça do uniforme de trabalho de mulheres em geral e enfermeiras até boa parte do século XX. Mas também já sugeriu mistério, algo relacionado a espiões, super-heróis, magos e bruxas, além de contos de fada.

Em diferentes épocas, as variações de comprimento, tecido e costura deram às capas certo tipo de personalidade. As mulheres vitorianas podem ter vestido capas porque elas cobriam as saias amplas ou porque disfarçavam a gravidez, mas, com a grande nevasca que atingiu a Inglaterra em 1861, capas de pele de foca ou de veludo tornaram-se o *look* das mulheres abastadas. Apesar de ter mantido seu lugar na história de tantas sociedades, apenas em 1911 a capa passou a ser considerada item de moda, bem quando estava deixando de ser usada todos os dias graças à chegada do casaco casulo em estilo oriental, que oferecia a mesma proteção de cima a baixo. Foi quando o costureiro parisiense Paul Poiret criou uma capa batique com pelos na gola e nos punhos e estampa com padrão espiral. Ele voltou ao modelo em 1919 ao criar a Tanger, uma capa com inspirações étnicas.

Isso trouxe outra forma de capa – o poncho. Tradicionalmente, uma peça retangular de tecido pesado com uma abertura para a cabeça, sem forma nos ombros, e definida às vezes como "capa sul-americana". Os ponchos, no início, eram tecidos à mão com listras grossas pelas civilizações antigas do continente, os incas e os astecas, e foi graças aos conquistadores espanhóis que o modelo entrou na Europa, apesar de espanhóis da época preferirem as deles com tecidos lisos. Em meados dos anos 1960, embora Clint Eastwood, em filmes do gênero bangue-bangue à italiana de Sergio Leone, tenha ajudado muito a reacender o interesse por eles, o movimento hippie também foi importante, ao adotar o poncho por sua autenticidade, como uma expressão de admiração pelos índios ou como suvenir de viagens exóticas. Como Frank Zappa perguntaria na música "Camarillo Brillo", "Is that a real poncho, I mean, is that a Mexican poncho or is that a Sears poncho?" ["É um poncho de verdade, quero dizer, é um poncho mexicano ou um poncho da Sears?"].

Os estilistas inevitavelmente adotaram a peça por seu apelo gráfico e pela sugestão de boemia; ao longo das décadas de 1960 e 1970, Pucci, Bill Gibb e Missoni produziram diversas versões, com franjas, crochê, barras de couro e contas, como parte de um *pot-pourri* de referências que envolviam as artes andinas, indianas e dos índios norte-americanos. Os tradicionais usavam apenas um original, talvez um "poncho rançoso", como Zappa cantou na mesma canção. A moda logo seguiu em frente, mas revisitou o poncho no começo do século XXI, quando Dolce & Gabbana, Mark Montano, Alexander McQueen e Hermès resgataram a estética boho.

No alto: Capas de Christian Dior da coleção outono/inverno de 1971/72, feitas em Londres. Embaixo: Nas ruas da Suécia, em 1971, capas tricotadas em casa eram um estilo hippie para climas mais frios.

Modelo, em 1954, usa uma capa curta que faz parte de conjunto todo vermelho.

2.

SAIAS

minissaia / saia-lápis / saia rodada / tailleur

MINI SKIRTS
FOREVER
DIOR
UNFAIR
TO
MINI SKIRTS

MINISSAIA

Não se sabe ao certo quem criou a minissaia. Foi a estilista britânica Mary Quant, cujo desenho de 1965 foi inspirado por seu amor de infância pelas roupas de balé e recebeu o nome do inovador carro Mini, de Alex Issigonis? De modo ousado, ela subiu a barra bem acima do joelho, aproveitando o estilo urbano da Swinging London [Londres dos anos 1960] e das mulheres que visitavam sua influente loja Bazaar, na Kings Road. Teria sido o estilista francês André Courrèges, cuja saia curta da era espacial foi mostrada a clientes da alta-costura em 1964? Ou John Bates, britânico fundador da marca Jean Varon, figurinista de artistas como Diana Rigg, na série de TV *Os vingadores*, de 1960, e criador de saias ainda mais curtas antes de Courrèges e Quant? Ou talvez tenham sido os egípcios antigos, cujas dançarinas usavam uma peça muito parecida e na metade das coxas.

Seja como for, a minissaia foi um resumo da moda dos anos 1960: um abismo cada vez maior – na atitude e no vestir – entre a geração jovem e a mais madura; uma libertação (sexual) maior para as mulheres; e uma disposição para desafiar regras rígidas de decoro. Testemunhou o furor criado quando a modelo britânica Jean Shrimpton foi ao Melbourne Cup Carnival na Austrália, em 1965, sem chapéu nem luvas e, mais radical, de pernas de fora em um minivestido Colin Rolfe. Ou quando Brigitte Bardot chegou a Londres de jatinho no mesmo ano, também com as pernas de fora, usando uma minissaia xadrez. Dizem que a minissaia só foi socialmente possível devido ao advento da meia-calça, e as meias-calças coloridas e estampadas de Quant, em especial, que tornaram desnecessário o uso de meias e cintas-ligas. Imagine o escândalo quando, em 1966, como parte de sua coleção Body Jewellery, Paco Rabanne apresentou novas versões da minissaia, inclusive uma semitransparente com cota de malha de plástico, outra feita com discos de metal ligados por fios e até um minivestido descartável.

Página ao lado: Mulheres da British Society for the Protection of Mini Skirts protestam na frente da Casa Dior, em Londres, em setembro de 1966, contra seu tratamento supostamente "injusto" às minissaias. Abaixo, à esquerda: Mary Quant, uma das pioneiras da minissaia, veste uma em 1967. Abaixo, à direita: Twiggy com um minivestido com borla em estilo indígena americano, ideal para vestir em um voo da TWA partindo do aeroporto Heathrow, Londres, nos anos 1960.

Como as hot pants que vieram depois, a minissaia se adequava ao ideal feminino em voga na época – alta, esguia, com toque masculino jovem, de pernas compridas, até desajeitada –, e Christian Dior e Yves Saint Laurent mais tarde dariam credibilidade ao design. Com tudo isso, ela foi curta demais para uns e de menos para outros. A minissaia usada nos Estados Unidos, mais puritanos, sempre foi mais comprida do que seu equivalente europeu. A Londres dos anos 1960 foi escandalosa para os turistas, tanto que um documentário para a televisão, em 1967, da emissora norte-americana ABC, foi chamado *The miniskirt rebellion* [A rebelião da minissaia]. Em alguns países, a saia até provocou situações de violência contra mulheres supostamente vestidas de modo inadequado.

Quant se sentiu desconcertada com essas reações: "Acreditávamos que estávamos fazendo roupas para nossos amigos em Chelsea. Não pensamos que haveria alguma reação. Eu não pretendia chocar [com a minissaia]. Eu queria me mover e correr, ir para o trabalho e depois sair para dançar à noite".

Para muitos, a minissaia refletiu uma sensação positiva de novas possibilidades durante meados dos anos 1960; foi um termômetro da mudança do humor público. De fato, foi um teste da teoria de que a barra sobe em momentos de explosão econômica, talvez refutada pela adoção irônica e posterior da minissaia pelos punks durante os anos 1970, quando apareceu em couro e PVC, com meias desfiadas ou meia arrastão. Mas a década de 1980 mais uma vez reforçou a teoria com sua inclusão no poder da vestimenta feminina corporativa. Assim como qualquer barra, a moda estava destinada a periodicamente alterar o comprimento das saias; no fim dos anos 1960, por exemplo, a minissaia estava sendo ofuscada pela saia de comprimento mídi, no meio da panturrilha. Isso aconteceu, em parte, porque havia uma piada de que a minissaia, então a micromíni ou sanefa, não teria como ser menor, a não ser que se tornasse um cinto.

Abaixo, à esquerda: Cindy Crawford em um minivestido hiperjusto, c. 1990. Abaixo, à direita: Minissaia tacheada de Donatella Versace para a coleção primavera/verão de 2010.

Minivestido de metal do criativo estilista francês André Courrèges, de 1965.

SAIA-
-LÁPIS

Poucas peças no guarda-roupa feminino remetem mais aos anos 1940 e 1950 do que a saia-lápis. Com seu corte reto do quadril à barra logo abaixo do joelho, criando uma peça parecida com um tubo ou lápis, a saia – desenhada por Christian Dior nos anos 1940 – pode ter sido introduzida como consequência do racionamento. Se, por questão de decência, as saias compridas do período não poderiam ser mais curtas, poderiam ser mais justas, e assim menos tecido seria usado. Alta na cintura e envolvendo o corpo (ainda mais graças à consequente popularidade do espartilho), a saia-lápis tornou-se uma definição da feminilidade. Enfatizava a silhueta tipo ampulheta, que não apenas foi um contraponto bem-vindo à fabricação de roupas masculinizadas dos tempos de guerra como também surgiu para definir o glamour das duas décadas seguintes.

A saia da linha H de Dior, como ele a chamava (ao contrário do estilo mais volumoso da linha A de seu New Look pós-guerra), e saias parecidas de Pierre Balmain e Jacques Fath eram vistas em mulheres, de funcionárias de escritórios a estrelas de Hollywood, como Lauren Bacall, Grace Kelly e Elizabeth Taylor. O corte definido da saia-lápis, em especial quando vestida com casaco curto, blusa justa ou suéter, podia parecer reservado, mas, no fundo, tinha forte apelo sexual. "Gelatina sobre molas" foi como a personagem Daphne de Jack Lemmon resumiu o movimento de passos curtos e ousados de Marilyn Monroe com uma saia-lápis no filme de Billy Wilder, *Quanto mais quente melhor*, de 1983.

Mas a moda já havia passado por isso: nos primeiros anos do século XX, a saia entravada (ou saia-funil), com o nome inspirado pela restrição que impunha às passadas longas, havia se tornado um modelo popular graças ao surgimento da aviação. Quando, em 1908, Wilbur e Orville Wright fizeram o primeiro voo com um passageiro, eles im-

Página ao lado: Modelo exibe uma criação de Dior dos anos 1950. Abaixo, à esquerda: A lenda de Hollywood, Marilyn Monroe, faz uma pose de "gelatina sobre molas" em 1952. À direita: Ilustração de Cecil Beaton com criações, da esquerda para a direita, de Eva Lutyens, Sportscraft e Margaret Barry.

Coleção primavera/verão de Pierre Balmain, de 1958, com sua "linha tubular" – um corpete comprido e ajustado com uma saia-lápis estreita no quadril.

pressionaram tanto a esposa de um de seus sócios, a sra. Berg, que ela pediu uma carona. Para proteger sua intimidade, o vestido comprido foi amarrado a suas pernas acima dos tornozelos. O resultado foi uma imagem disseminada em todo o mundo pela imprensa e que acabou inspirando estilistas, principalmente Paul Poiret, que criou um vestido parecido em 1910, bem justo nos tornozelos. "Dei liberdade ao busto, mas acorrentei as pernas", frase de Poiret que ficou famosa.

Foi uma mudança no comprimento da barra que pôs fim aos anos mais triunfantes da saia-lápis. O surgimento da minissaia de Mary Quant (p. 27) de repente fez com que a saia-lápis parecesse séria e respeitável demais. De fato, apenas nos anos 1980 a saia-lápis faria seu retorno, em parte devido ao futurismo retrô do filme de ficção científica *Blade Runner – o caçador de androides*, de Ridley Scott (1982), mas em especial como o componente de um tailleur. Um terno profissional, justo na cintura, com "reforço nos ombros", ecoava o *boom* nos serviços bancários e financeiros daquela década, para a qual era perfeita a respeitabilidade da saia-lápis. Claro, a peça ainda conseguia ser sugestiva quando necessário, sobretudo em couro preto.

A modelo holandesa Marpessa (abaixo à esquerda) na Sicília, em 1987, na campanha publicitária da Dolce & Gabbana.

SAIA RODADA

No alto: Em 1957, o costureiro Michael Nadler, da Regent Street, apresentou essa saia rodada tradicional, com uma estampa na barra de cairn terriers travessos. O cachorrinho de verdade era da modelo. Embaixo: A saia rodada era adorada por jovens norte-americanas dos anos 1950 por seu movimento na dança, em especial do *jive*. Quem assistia aproveitava para admirar as pernas.

A novidade pode não ser o melhor ponto de partida para uma peça clássica, mas funcionou para a saia rodada. Em 1947, a atriz americana, cantora soprano e estilista Juli Lynne Charlot decidiu fazer uma saia inspirada nas saias de cintura marcada e volumosas do New Look, de Christian Dior, para superar o racionamento de tecido da época da guerra e o fato de seu marido ter perdido o emprego. Sua ideia era fazer uma saia que tivesse um círculo drapeado de tecido, ao contrário das tendências de saia camponesa mais simples e toda pregueada. Foi fácil de fazer, com apenas uma costura e nenhuma pence, prega ou franzido. Ela foi essencial para Charlot, uma vez que, apesar de ter feito todas as roupas com as quais encenava, inclusive aquelas que usou para contracenar com os irmãos Marx, ela não sabia costurar.

Charlot decidiu incrementar suas peças com formas aplicadas em feltro, das quais ela tinha uma quantidade ilimitada, já que sua mãe era dona de uma fábrica que usava esse material. A diversão com a peça era tanta, ainda mais porque a Segunda Guerra permanecia fresca na memória, que uma loja local em Beverly Hills comprou e logo vendeu tudo. A loja também sugeriu o que ela poderia colocar em sua próxima "fornada": silhuetas de cães. Charlot concordou e organizou uma corrida com três dachshunds apresentando uma pequena história de flerte canino e coleiras enroscadas – a estilista gostou da ideia de suas saias serem motivo das conversas.

A série seguinte foi de poodles. Foi esse desenho que fisgou a imaginação do público, e a "saia poodle" entrou no vernáculo da moda. A influente loja de departamentos Bullocks Wilshire fez pedidos e até ofereceu a Charlot as vitrines para mostrar suas criações. Neiman Marcus e Bergdorf Goodman logo compraram suas saias rodadas em quantidade suficiente para permitir que ela abrisse a própria fábrica.

O modelo logo foi copiado, menos por outros estilistas e mais por mulheres que conseguiam fazer, com facilidade, suas versões mais baratas, o que significava, e era interessante, que não haveria duas saias iguais. Mas isso não impediu que a maioria das empresas de modelagem lançassem estampas para saias rodadas, nem que os kits para saias rodadas entrassem no mercado. Vendidos em lojas de itens diversos, tais kits eram tubos de papelão com o tecido da saia, moldes para os pedaços de feltro, que também vinham na embalagem, além da agulha e da linha para costurá-los. Assim, no começo dos anos 1950, a saia rodada tornou-se onipresente nos Estados Unidos, em especial entre as adolescentes. O modelo de saia rodada, muito divulgado em revistas como *Seventeen*, mostrou-se a peça ideal para dançar a nova mania, o *jitterbug*.

Outros desenhos populares que apareceram na saia eram cartas de baralho, discos de vinil, gatos, flores, cenas de deserto (Charlot se inspirou principalmente na paisagem mexicana) e motivos de circo e tradição caubói, apesar de alguns também incluírem bordados mais sofisticados, paetês e contas. As mulheres adultas costumavam usar modelos mais lisos – a saia rodada pode ter sido uma das primeiras peças com limite de idade.

A saia rodada ajudou a definir os anos 1950 nos Estados Unidos, ajustando-se à sua imagem de uma década de eletrodomésticos novos em tom pastel, design *kitsch*, com a positividade de um *boom* de consumo e o nascimento da dona de casa. Isso tem feito com que, sempre que a moda revisita os anos 1950, ela também retome a saia rodada, embora os poodles sejam em geral mantidos na coleira.

A atriz de cinema norte-americana Jean Parker com uma saia rodada florida e anáguas, em 1953.

Modelo com tailleur de raiom xadrez – sério e profissional, mas ainda feminino, em 1942.

TAILLEUR

As mulheres têm usado saias com jaquetas sob medida desde o fim do século XIX, quando começaram a levar uma vida mais ativa e tornou-se mais comum vestir o que era considerado uma peça prática e enxuta. Mas só nos anos 1930 e 1940 o tailleur – casaco e saia combinados com formalidade antes só vista nas roupas masculinas – encontrou popularidade.

Duas forças estavam em ação, cada uma delas levando o tailleur à moda ou ao uso prático ao longo das décadas. Uma delas era Hollywood, que viu um nível de experimentação na modelagem dos tailleurs femininos, resultando em criações marcantes, como o de Joan Crawford em *Adeus, mulheres* (Edward H. Griffith, 1935), desenhado por Adrian Adolf Greenberg, formado com uma saia no meio do tornozelo e um casaco ajustado com lapelas grandes. Ou os casacos muito justos, quase futuristas, com saias esculturais "linha V", também de Greenberg, que era mais conhecido por vestidos de parar o trânsito.

Enormes mangas bufantes, colarinhos de pontas arredondadas, ombros quadrados com mangas bem ajustadas, amarrações assimétricas e proporções distorcidas faziam parte do tailleur. Por ironia, tais roupas de alfaiataria eram consideradas ideais para viagens – nos anos 1930, ocorreu o primeiro *boom* no turismo internacional –, mas viagens de luxo, em que a regra ainda era vestir-se a rigor. A saia-lápis de Christian Dior, de 1940 (p. 31), foi apresentada como parte de um tailleur.

Se Hollywood deu certo glamour e um pouco de ousadia ao tailleur, apesar de não poder seguir a moda devido ao risco de o *look* ficar datado à época do lançamento de um filme, outra força motriz, muito mais mundana, foi a mudança de padrões de trabalho durante os anos 1940. A guerra fez com que mais mulheres chegassem aos escritórios, no início como secretárias, e o racionamento da época da guerra fez

Abaixo, à esquerda: Tailleur de abotoamento duplo com amarração na cintura, criado por Balmain em 1954. Abaixo, à direita: Tailleur de Jeanne Barrie, de crepe raiom, de 1944, com botões âmbar-preto e peplum, marcante com seu tom verde-limão.

os tailleurs serem simples e práticos, com saias na altura do joelho, apesar de uma silhueta marcante em formato de V continuar comum até os anos 1950.

Nos anos 1950, houve um abrandamento do tailleur, que voltou como peça de moda e não como roupa de trabalho. Gabrielle "Coco" Chanel apresentou uma de suas peças mais famosas, o tailleur com cardigã de lã, uma saia na altura do joelho com uma versão do cardigã semiestruturado que ela havia criado em 1925 e que caiu no gosto de Audrey Hepburn e Grace Kelly. Continuamente atualizado, o tailleur Chanel – normalmente de tweed ou jérsei de lã –, com saia seca e jaqueta quadrada sem gola, com barra trançada, bolsos aplicados, botões dourados e uma corrente interna que a ajudava a se ajustar adequadamente nos ombros, tornou-se um dos maiores sucessos da estilista. Isso ajudou seu negócio a voltar à ativa quando foi reaberto em 1953 (depois de ter sido interrompido durante a Segunda Guerra Mundial).

Nos anos 1960, o tailleur com cardigã de lã e suas muitas imitações definiram o arquétipo da peça, que ainda estava sendo usada por uma geração de mulheres mais velhas ou em situações mais formais por aquelas cujo papel o exigia, como Jacqueline Kennedy. Mas uma vestimenta tão feminina – de um tipo que havia sido exemplificado pelas protagonistas de Hitchcock, Grace Kelly em *Janela indiscreta* (1954) e Kim Novak em *Um corpo que cai* (1958), por exemplo – entrava cada vez mais em conflito com um modelo muito mais solto e inspirado nos hippies.

O tailleur só voltaria nos anos 1980 e 1990, mais uma vez graças às mulheres que assumiam posições executivas nas empresas. Denominadas "ternos do poder", com ombreiras lembrando o modelo dos anos 1940, essas criações semiconformistas tiveram o benefício de chamar atenção para a seriedade de quem as usava sem esperar que a mulher copiasse a roupa do homem. Livros como *Dress for success* (1975) e *The woman's dress for success book* (1977), de John Molloy, com as mulheres de terno azul-marinho e maleta na mão na capa, defendiam o conceito de vestir-se de modo adequado para prosperar no mundo corporativo, tema do filme *Uma secretária de futuro* (Mike Nichols), de 1988.

Uma ilustração de 1935 com croquis de Elsa Schiaparelli; no primeiro, tailleur azul e luvas com estampa animal; no segundo, colete bordado e saia de pele de foca.

Príncipe William e Kate Middleton – com tailleur de lã vermelho – em uma visita real à University of St. Andrews, Escócia, em 2011.

Tailleurs Chanel nas cores azul, branco e vermelho, modelados em Paris, 1983.

3.

VESTIDOS

pretinho básico / vestido império / vestido reto /
vestido frente única / vestido campestre / vestido-envelope /
vestido-camisa / caftã / vestido linha A / vestido plissado

AUDREY
HEPBURN
PLAYS THAT DARING, DARLING
HOLLY GOLIGHTLY TO A NEW HIGH
IN ENTERTAINMENT DELIGHT!
BREAKFAST
AT TIFFANY'S
A JUROW-SHEPHERD
GEORGE PEPPARD · PATRICIA NEAL · BUDDY EBSEN · MARTIN BALSAM AND MICKEY ROONEY
BLAKE EDWARDS · MARTIN JUROW AND RICHARD SHEPHERD · GEORGE AXELROD
A PARAMOUNT
TECHNICOLOR

PRETINHO BÁSICO (LBD)

Pode não parecer muito elogioso, mas quando a *Vogue* norte-americana comparou um vestido ilustrado em suas páginas com o Model T, da Ford, sem dúvida, foi um elogio. Ambos foram revolucionários em sua simplicidade "de volta ao básico" e eram, como a *Vogue* os chamou, "possíveis": o vestido perdeu os detalhes e colocou o preto de novo como a cor da moda elegante e sofisticada, e não como a cor do luto (como a tinta era muito cara, o preto era usado pela aristocracia espanhola já no início do século XVI); já o carro democratizou o transporte pessoal.

A comparação foi feita em 1926, cerca de dezoito anos depois do lançamento do carro, mas não deixou de ser adequada: era o ano em que Gabrielle "Coco" Chanel apresentou sua versão do vestido, sua maior contribuição à moda. Embora o pretinho básico tenha sido testado antes de Chanel – pelo modista britânico Edward Molyneux, por exemplo –, o vestido de Chanel era uma peça de destaque, minimalista, que marcava o corpo, uma versão de jérsei que descia até os joelhos com decote alto e mangas compridas. Foi a própria Chanel quem o chamou de "pretinho" [*little black dress*, LBD] (ainda que "túnica pretinha" tenha sido usado anteriormente no livro de Henry James, *As asas da pomba*, em 1902), com uma familiaridade e intimidade que ajudaram a defini-lo como o modelo padrão para quase qualquer situação, em especial naquelas que exigiam uma roupa mais ou menos sofisticada.

O design estava à frente de seu tempo, apesar de desempenhar um papel adequado nas mudanças radicais pelas quais a moda feminina passou durante a era das melindrosas dos anos 1920 e além. Estrelas, artistas e a realeza, de Joan Bennett a Josephine Baker, passando por Wallis Simpson, a duquesa de Windsor, usaram variações do LBD, desde os com penas de pavão até os com golas assimétricas e enfeites de strass. Nas décadas seguintes, o preto tornou-se uma peça do dia a dia do guarda-roupa feminino, tanto por motivos de praticidade, como no

Página ao lado: Cartaz do filme *Bonequinha de luxo* (1961), que inspirou mil pretinhos básicos. À direita: A atriz francesa Catherine Deneuve posa com o vestido da Yves Saint Laurent Rive Gauche, 1966.

racionamento imposto em muitos países durante a Segunda Guerra, quanto por sua fama crescente de cor da sensualidade – veja Rita Hayworth em *Gilda* (Charles Victor, 1946).

Mas o pretinho básico só teria seu momento mais importante e definitivo em 1961, quando Audrey Hepburn o mostrou na pele de Holly Golightly, em *Bonequinha de luxo* (Blake Edwards). Só então a peça passou por uma transformação, deixando de ser uma novidade para se tornar uma peça básica universal. E isso apesar de o pretinho usado por Golightly nos créditos de abertura, feito pelo colaborador de longa data de Hepburn, Hubert de Givenchy, não ser tão "inho" assim: um longo usado com luvas. Em outro momento, o vestido de Catherine Deneuve em *A bela da tarde* (Luis Buñuel, 1967) selaria a fama do vestido para o chique francês. Fibras sintéticas tornaram o modelo difundido e acessível, e tecidos transparentes, como tule e tela, começaram a ser incorporados à peça.

Com o tempo, pretinho ou LBD passou a ser um termo aplicado a qualquer vestido preto, e a silhueta reta e o tecido preto, fosse seda, spandex ou couro, eram as características mais importantes, independentemente do corte. Foi o que Jacqueline Kennedy Onassis reconheceu ao ver o vestido como um meio de expressar sua paixão por acessórios, sobretudo o chapéu pillbox e os óculos grandes, que se tornaram sua marca registrada. Mas haveria exceções, e a mais famosa foi o vestido Gianni Versace – muito decotado, com uma fenda na lateral do dorso presa com enormes alfinetes de segurança dourados – que a atriz Elizabeth Hurley usou para ir ao lançamento de *Quatro casamentos e um funeral* em 1994.

Abaixo: Hugh Grant com Elizabeth Hurley usando um vestido Versace no lançamento de *Quatro casamentos e um funeral* em 1994 – virou manchete nos jornais. À direita: Modelo com vestido preto feito a partir de um figurino da *Vogue* copiado do original parisiense.

Atriz britânica Vivien Leigh em uma foto de estúdio feita em 1940.

VESTIDO IMPÉRIO

No século XX, a cintura império passou a ser associada com lingerie atrevida graças ao filme de 1956 *Boneca de carne* (Elia Kazan), no qual a personagem principal aparece com uma camisola curta, valorizando os seios fartos. Uma década depois, o modelo voltaria na forma de um vestido, tão curto quanto as minissaias e minivestidos que a época ditava, mas chamando a mesma atenção para o decote. Em versões mais enxutas, para colegiais, ele também tinha um certo apelo moderno – a supermodelo da época, Twiggy, o adotou–, porém a insinuação sexual não foi esquecida com a chegada dos anos 1990, quando Courtney Love, líder da banda Hole, liderou seu *revival*. Mas essas versões estão longe da origem dessa silhueta.

Um interesse da moda pela história pode fazer nascer um modelo. O período georgiano dos anos 1790 até 1820 foi marcado por mulheres que não só usavam cada vez menos roupas – em comparação às camadas de peças para esconder o corpo de outrora –, mas também fascinadas por elementos romanos e helênicos, na arte e na arquitetura, assim como na moda.

Baseando-se nessas duas premissas, a moda aproveitou a evolução dos trajes usados sob as roupas, como uma espécie de combinação, e os mesclou com o que via como o modelo das civilizações antigas para criar um vestido longo e esvoaçante, parecido com uma camisola, com mangas curtas bufantes, decotado e com linha da cintura alta. A saia começava logo abaixo do busto, e não era mais necessário diminuir a cintura com o corpete justo. Os vestidos *à la grecque*, como os franceses os chamavam, costumavam ser feitos de musselina ou cambraia branca ou pastel, e ambas tinham de ser lavadas com frequência, um processo oneroso, e, assim, o vestido se tornou uma expressão de riqueza e status.

Em referência às ambições territoriais de outro ícone da época, passou a ser chamado de cintura império, ou linha império, inspirado pela construção do império de Napoleão Bonaparte, da França. Ele foi um homem bem conhecido por seus esforços para promover a indústria da moda francesa – quase destruída durante a Revolução Francesa –, sobretudo por meio de sua esposa Josephine, grande fã do modista francês Leroy. Bonaparte determinou que nenhum vestido poderia ser usado duas vezes na corte, tudo isso em uma tentativa de fazer as mulheres comprarem mais roupas: para proteger o corpo, uma *chemisette* (um tipo de meia blusa) era usada durante o dia para cobrir o decote dos vestidos de cintura império; uma peliça (um casaco leve na altura dos joelhos ou longo, aberto na frente, também de linha império) também podia ser usada sobre o vestido.

Seguindo as noções do Classicismo grego, os vestidos império tinham pouquíssimos detalhes decorativos. Barras geométricas eram as mais escolhidas, mas outras influências tiveram sua época. Depois da campanha de Napoleão no Egito (1789-1801), os vestidos império lisos ganharam motivos egípcios antigos (vistos pela primeira vez nos vestidos de Josefina). Nos anos seguintes, eles se tornaram mais complexos – e cada vez menos clássicos –, conforme as mulheres se cansavam do minimalismo sempre igual da silhueta império. Entre as novidades, havia influências góticas, medievais e elisabetanas.

Acima: Modelo com vestido império da coleção Blanes outono/inverno de 1962/63. À esquerda: Madame Raymond de Verninac, nascida Henriette Delacroix, irmã do artista Eugène Delacroix, retratada em 1799.

Durante as primeiras duas décadas do século XIX, a silhueta império na realidade foi um fenômeno predominantemente francês. Enquanto as mulheres francesas encontravam novos detalhes para revigorar o modelo, as inglesas logo o abandonaram, uma vez que a cintura dos vestidos foi descendo bastante. Isso, em parte, surgiu da inadequação do modelo leve ao clima britânico. Uma crítica, lady Morgan, disse que, ao contrário da aparente leveza e simplicidade da silhueta império, ela a considerava "o modelo mais desconfortável de se vestir – tão limitado que era difícil andar com ele e, para torná-lo mais firme, preciso usar anáguas".

A guerra prolongada entre o que eram, na época, os dois centros da moda europeia – o Reino Unido e a França – afetava as respectivas direções em questões de estilo. Quando enfim a paz foi estabelecida, em 1814, eles começaram a compartilhar ideias de moda – sobretudo para os franceses ridicularizarem as ideias dos ingleses, e para os ingleses recomeçarem a copiar os franceses. Até mesmo as francesas desistiram da cintura alta, que foi caindo dois centímetros por ano até que, por volta de 1825, estava na linha natural da cintura.

A cintura império continuou existindo; era um modelo-chave entre as mulheres dos Estados Unidos durante os anos 1890, por exemplo, e tem sido periodicamente revisitada por marcas como Yves Saint Laurent, em parte por favorecer muitos tipos de corpo. Talvez seja vista com mais frequência em vestidos de casamento, com as noivas tentando capturar a elegância clássica das senhoras da Regência, e em camisolas de maternidade. Não é à toa que uma piada do período da Regência observava que as mulheres "ficam todas aparentando estar grávidas".

Acima: Blake Lively com vestido de cintura império nas filmagens da série de TV *Gossip Girl*, em Nova York, 2009. À direita: Jacqueline Pearce com um maxivestido de listras brancas e cinzas, em 1968.

VESTIDO RETO

A origem do vestido reto – uma variação mais solta de outro clássico, o vestido tubinho – tem uma história divertida. A socialite Lilly Pulitzer, de 21 anos, moradora de Nova York, fugiu com Peter Pulitzer, e o casal se mudou para a casa dele em Palm Beach, onde havia um pomar. Ela decidiu fazer sucos de frutas e vendê-los à beira da estrada, mas pediu para sua costureira fazer um vestido simples e barato que ela pudesse manchar com o suco sem preocupação, e com uma estampa marcante para esconder as nódoas. O resultado foi um vestido sem mangas, na altura do joelho, com pences frontais, de corte minimalista e estampas chamativas. O chamado vestido Lilly não era diferente do modelo de corte reto, cintura desabada e decorado usado pelas *garçonnes* rebeldes, ou daqueles das melindrosas dos últimos anos da década de 1920. Para elas, assim como para quem usou o vestido Lilly cerca de 25 anos depois, tal silhueta sugeria uma emancipação progressiva dos exageros de certas roupas.

No entanto, a transição do vestido, que saiu do acostamento e ganhou as pistas, contou com amigos em posições importantes. Diz a história que os clientes de Pulitzer se impressionavam tanto com seus vestidos quanto com seus sucos; então ela começou a vendê-los também. Mas foi preciso que uma amiga de escola de Lilly, e lançadora de tendências, Jacqueline Kennedy – que na época era a primeira-dama –, usasse um dos vestidos na capa da revista *Magazine* para que o modelo se difundisse. "Jackie usou um de meus vestidos – era feito com tecido de cortina de cozinha –, e as pessoas enlouqueceram", Pulitzer relembrou, certa vez. "Todo mundo os adorou, e eu entrei no ramo dos vestidos."

Mas estilistas importantes só seriam relacionados a esse estilo a partir de 1961, quando Hubert de Givenchy criou as roupas para Audrey Hepburn em *Bonequinha de luxo* (Blake Edwards), incluindo um modelo reto inspirado nos vestidos-saco que não marcavam a cintura e que ele e outros

Página ao lado: A socialite norte-americana Wendy Vanderbilt e uma amiga usam os vestidos retos de Lilly Pulitzer, em 1964.
Abaixo, à esquerda: a primeira-dama norte-americana Jacqueline Kennedy na Sala Verde da Casa Branca, em 1961.
Abaixo, à direita: A atriz norte-americana Mia Farrow no set de *O bebê de Rosemary*, em 1967. Seus cabelos curtos, em camadas, e muito copiados, tinham sido cortados por Vidal Sassoon.

tinham apresentado quatro anos antes. A versão de Hepburn foi preta, mas as linhas elegantes também representavam a modernidade. E com certeza ajudou o fato de Kennedy ser cliente de Givenchy.

Em 1965, Yves Saint Laurent criou uma das versões mais famosas do modelo com seu vestido Mondrian em jérsei de lã, usando o tecido preto do vestido reto para montar painéis geométricos de cores fortes, inspirados nos quadros do artista holandês Piet Mondrian. No vestido, Saint Laurent demonstrou grande habilidade na costura, cuidando de cada bloco de jérsei para criar semelhança com o original de Mondrian e para acomodar o corpo de modo imperceptível, escondendo todas as formas sob as costuras. Em 1966, a estilista britânica Mary Quant criou seu minivestido encurtando o vestido reto na mesma altura de suas minissaias (p. 27). Leslie Hornby, conhecida como Twiggy, deu o primeiro passo para se tornar a primeira modelo conhecida em todo o mundo quando foi contratada para desfilar com o vestido.

A natureza descomplicada do vestido garantiu sua fama como um clássico. Mia Farrow transformou a peça em sua marca registrada, ao lado do corte de cabelo pixie, mas seu apelo aumentava após períodos de moda mais ostentosa. Calvin Klein, por exemplo, recebeu elogios por seu vestido reto nos anos 1990 depois dos excessos da década anterior. Já que um bom caimento era essencial ao apelo do vestido reto, uma vez que não tinha ornamentos, as versões de estilistas costumavam ter cortes mais complexos do que parecia para quem olhava de longe: pences bem posicionadas no busto e uma forma estreita em linha A criavam um modelo mais bonito.

Erin O'Connor desfila com vestido reto preto e simples da coleção outono/inverno de 2001 da Helmut Lang.

Vestido reto inspirado em Piet Mondrian do estilista francês Yves Saint Laurent, em 1968.

VESTIDO FRENTE ÚNICA

Houve um bom motivo para Joe DiMaggio, marido de Marilyn Monroe à época, dizer ter detestado o vestido de festa que ela usara no filme de Billy Wilder de 1955, *O pecado mora ao lado*, na cena famosa em que, parada sobre a grade do metrô, seu vestido esvoaça (p. 71). Ele era ousado e revelador demais para o gosto de DiMaggio: um vestido frente única, que, além de realçar o formato dos seios de Monroe, ainda deixava seus ombros e costas à mostra. Feito por William Travilla, figurinista vencedor do Oscar, aquele vestido se tornou – graças à cena – um ícone. Mais tarde, foi comprado pela atriz Debbie Reynolds e, por fim, vendido em um leilão em 2011 por £ 2,8 milhões.

O frente única foi criado para seduzir, embora o termo em inglês, *halter*, se refira a cabresto, peça colocada no pescoço de um animal para controlá-lo melhor. Datado entre 1914 e 1919, o decote é creditado à estilista francesa Madeleine Vionnet – pioneira, também, do vestido com pontas e do vestido drapeado em estilo grego. Dizem que ela o criou de propósito com um corte sensual, em tecidos que marcam as formas, como o crepe da China e o cetim. É provável que Vionnet tenha sido responsável por abandonar as amarrações e a silhueta impostas às mulheres pelos espartilhos; seu frente única mostrava as costas, mas também tinha níveis variáveis de decote. Seus vestidos expressavam a forma feminina natural. "Seria uma pena ir contra a natureza", disse Vionnet, que depois fez uma frente única dupla, com a frente do vestido ou maiô sustentada por dois conjuntos de faixas amarradas atrás do pescoço.

Durante os anos de expansão na década de 1920, o vestido frente única se tornou o traje de festa mais escolhido – e ousado, ligando o modelo a noções de hedonismo. Embora o decote tenha aparecido depois em maiôs e blusas casuais, é possível que o frente única tenha sido o primeiro vestido sedutor em uma época em que qualquer atitude sexual pública era considerada suicídio social.

Página ao lado: A arrasadora Jane Russell, atriz hollywoodiana, com vestido frente única em 1955. Abaixo, à esquerda: Bianca Jagger e seu então marido, Mick Jagger, em Nova York, em 1974. Abaixo, à direita: uma foto em estúdio da atriz Barbara Stanwyck, em 1940.

A princípio, apenas as superestrelas da época – como Clara Bow, que posou com um vestido frente única para fotos oficiais em estúdio – podiam usá-lo. Marlene Dietrich, Greta Garbo, Jean Harlow, Ginger Rogers e Katharine Hepburn aprovaram o modelo; dizem até que Hepburn inspirou a blusa frente única que a Levi's incluiu em sua linha de jeans colorido Tropical Togs, de 1938. Além disso, o vestido frente única tornou-se o modelo preferido de uma Hollywood que enfrentava a censura pré-guerra do Código Hays, que controlava o tamanho do decote na tela; as costas acabaram sendo uma zona erógena alternativa a se mostrar.

Sinônimo de sedução e glamour durante a era de ouro de Hollywood, o vestido frente única também se tornou a marca registrada de outro período que se aproveitou da decadência: os anos 1970. Vestidos esguios de Roy Halston Frowick (mais conhecido como Halston) eram os preferidos sobretudo durante a época disco. Celebridades como Bianca Jagger e Liza Minnelli, por exemplo, tornaram a frente única Halston uma peça frequente na lendária discoteca Studio 54, em Nova York.

Abaixo, à esquerda: A modelo sueca e atriz Maud Adams, em 1975. Abaixo, à direita: Modelo com vestido frente única de algodão, em 1953.

A jovem Elizabeth Taylor em foto de estúdio, em 1955.

VESTIDO CAMPESTRE

Em 1967, tudo mudou para uma empresa bem estabelecida no País de Gales que fazia aventais estampados para cozinha e jardinagem: Bernard e Laura Ashley produziram seus primeiros vestidos. Eles não podiam ser mais diferentes do que os tubos sem forma e os minivestidos que dominavam a moda de exibir partes do corpo. Longe de ser modernos, eles faziam referência clara ao passado e eram recatados em vez de sensuais. Como Laura explicou: "Eu tive que fazer algo totalmente diferente porque sabia, no fundo do coração, que (o estilo dominante dos anos 1960) não era o que a maioria das pessoas queria. Percebi que a maioria delas queria constituir família, cuidar de jardins e viver de um modo tranquilo. Não querem ir a discotecas todas as noites e se acabar".

O vestido de Laura Ashley tinha um modelo mais simples, mais inocente e bonito que ousado. Os vestidos foram uma repaginada dos padrões eduardianos e vitorianos, caracterizados pela gola alta, às vezes levantada, ou Peter Pan, saia comprida pregueada, talvez com babados, mangas compridas e bufantes nos ombros e botões nos punhos. Alguns modelos tinham botões frontais, outros, um corpete de nervuras finas. Eram valorizados pelas estampas sutis e distintas, em geral florais ou inspiradas na natureza, mas também com toques medievais e heráldicos. Em resumo, eram misturas de todas as formas do romantismo histórico. Os vestidos criados depois também exploravam a silhueta império do estilo regência (p. 46).

O interesse por essa mistura de estilos durou muito. Padrões para a peça se proliferaram em uma época em que a costura ainda era um passatempo; e quando, em 1981, lady Diana Spencer foi fotografada pela primeira vez como namorada do príncipe Charles, ela usava um vestido de Laura Ashley. Ainda que as roupas mais chamativas dos anos 1980 viessem a substituir esse modelo mais tranquilo, os Ashleys conseguiram implementar o clima nostálgico de seus vestidos em objetos para casa e decoração, tornando-se uma das primeiras marcas de estilo de vida.

O sucesso inicial dos vestidos de Laura Ashley no Reino Unido refletia um interesse cultural mais amplo no passado: entre os programas de televisão muito bem-sucedidos da época estavam *Upstairs Downstairs* e *The Forsyte Saga* (ambos retratavam o início dos anos 1900). Uma nostalgia parecida motivou estilistas estrangeiros: em 1974, a série de televisão norte-americana *Os Pioneiros* começou sua história de nove anos, e, em meados de 1970, apareceram modelos românticos e caseiros com base na história do colonizador no centro-oeste norte-americano.

Vestidos campestres, *folk* e da vovó, de estilistas como Oscar de la Renta, exploraram território semelhante ao de Laura Ashley: compridos e com babados, com colarinhos altos e franzidos, femininos, mas cobertos. Entre os anos 1960 e 1970, o *look* vovó estava na moda, bem como xales, botas masculinas na altura do tornozelo e anáguas debruadas de renda. Vários estilistas, de Barbara Hulanicki, da Biba, a Bill Gibb, passando por Angela Gore, até Ralph Lauren inspirado no faroeste, roubaram ideias de livros de história da vestimenta.

No alto: A jovem lady Diana Spencer com vestido campestre de Laura Ashley, em Windsor, em 1981. À esquerda: As meninas de *Os Pioneiros*, o seriado de televisão de sucesso que ajudou a guiar a moda pioneira. Página ao lado: Vestido de noiva romântico de Laura Ashley, de 1986, inspirado na era eduardiana.

VESTIDO--ENVELOPE

Diane von Fürstenberg, nascida na Bélgica, reviveu nos anos 1970 a ideia da praticidade e do conforto nas roupas femininas sem dispensar a feminilidade, como a estilista norte-americana Claire McCardell fez nos anos 1940 com o vestido *popover*. "Sinta-se como uma mulher, use um vestido", como Von Fürstenberg disse em um anúncio de 1973. Mas não qualquer vestido. Sua solução foi um modelo cuja estrutura básica inspirou-se naquelas peças de máximo conforto, o roupão e o robe, embora a estilista os tenha relacionado mais a formas tradicionais de vestimenta, como o quimono, a toga e outras peças sem botões nem zíperes.

O vestido-envelope de Fürstenberg cumpria com rigor o que prometia: envolvia o corpo com conforto, o tecido se sobrepunha na cintura e era amarrado com uma faixa no quadril. Assim como o pretinho básico de Chanel (p. 43), ele se adequava a todas as ocasiões, formais e casuais, práticas e mais glamorosas. Era, como Fürstenberg disse, um "produto realista, um uniforme. Vestia muito bem. (Servia) para todos os tipos de mulheres... jovens e idosas, gordas e magras, pobres e ricas".

O modelo foi menos inspirado pelos ídolos de Fürstenberg, Bill Blass e Diana Vreeland, do que por Julie Nixon Eisenhower, filha do ex-presidente dos Estados Unidos, Richard Nixon, vista na televisão usando um top e uma saia-envelope. A ideia de Von Fürstenberg era levar a simplicidade da peça um passo além, tornando-a uma roupa única, prática, de jérsei de algodão resistente: um vestido-envelope. O modelo foi lançado em 1974. Em 1975, a estilista produzia 15 mil peças por semana para atender aos pedidos; no fim do ano seguinte, ela havia vendido cerca de 4 milhões do que tinha se tornado uma peça básica tanto para os frequentadores das festas glamorosas do Studio 54 quanto para as bem-nascidas da Park Avenue, em Nova York, e outros lugares.

Página ao lado: Diane von Fürstenberg, estilista e pioneira do vestido-envelope em 1973. Abaixo: Bérénice Marlohe em cena do filme *007 – Operação Skyfall*, da série James Bond, de 2012.

Como disse Von Fürstenberg, ele se tornou "um fenômeno cultural. É mais que um vestido; é um estado de espírito". De fato, o *éthos* do vestido – simples, mas ousado – passou a incorporar a liberação das mulheres nos anos 1970, sobretudo conforme elas foram entrando no mercado de trabalho e precisavam de uma peça descomplicada, mas profissional. Von Fürstenberg foi citada no single de Dolly Parton, "Working girl", pois o vestido-envelope fazia as mulheres sentirem o que elas queriam: liberdade e sensualidade, como a estilista disse. A liberdade foi mesmo um aspecto; mais pessoalmente para Von Fürstenberg, a criação do vestido ocorreu no fim de seu casamento com o príncipe Egon de Fürstenberg, pela necessidade de construir sua própria carreira e ter um sucesso com o qual marcá-la.

Por certo, a imprensa reconheceu que a única peça de Von Fürstenberg a havia tornado "a mulher mais vendável desde Coco Chanel", como disse a *Newsweek* em 1976. O vestido-envelope renasceria durante os anos 1990, quando seu *revival* incentivou a estilista a relançar o modelo em 1997.

Vestidos de Fürstenberg: de 2004, à esquerda; de 2002, abaixo; e de 2006, na página ao lado.

VESTIDO-
-CAMISA

O vestido-camisa (*chemise*) foi o modelo definitivo dos anos 1940, não tanto por seu papel na moda, mas pela praticidade. Como o Woman's Institute of Domestic Arts and Science nos Estados Unidos disse, foi um "vestido simples e prático" que, "devido a sua dignidade graciosa", tornou-se ideal para a sala de aula e para o trabalho. Foi o vestido com botões na frente que ajudou as adolescentes a se sentirem mais adultas, e as mulheres adultas a se sentirem prontas para ir a qualquer lugar. O modelo era usado tanto no esporte, em especial no golfe, quanto para a noite. Em sua versatilidade, ele foi, em alguns aspectos, o antecessor menos glamouroso do pretinho básico (p. 42).

O modelo era tão descomplicado que despertou o interesse de Christian Dior, em 1947, com seu influente New Look irrompendo do racionamento pós-guerra e da simplicidade para tornar-se tendência. Dizem que um vestido, o Chérie, resume o look: uma silhueta delicada com ombro caído, linha do busto em relevo, cintura fina e saia ampla, levemente forrada – no caso do Chérie, muito pregueado também. Dior gostou tanto desse vestido-camisa que ele reapareceu nas coleções de 1948 e 1949.

O vestido-camisa passou a ser, como a *Harper's Bazaar* disse, "a essência da feminilidade". Segundo a revista feminina de estilo de vida *Good Housekeeping*, o modelo passou a ser a essência da feminilidade em uma época em que as revistas influenciavam milhões de mulheres, os preços de Dior eram muito altos, mas a estrutura da cintura fina e da saia ampla que ele havia criado tinha grande potencial, sobretudo se todas as pregas fossem retiradas, e uma peça mais acessível, de silhueta mais enxuta e fácil de fazer, fosse criada.

Não surpreende que o vestido-camisa tenha se tornado o modelo marcante da domesticidade e da maternidade nos Estados Unidos, o uniforme daquela invenção pós-guerra da indústria de publicidade norte-americana: a dona de casa. Algumas pessoas até sugeriram que ele ajudou a definir o lugar da mulher como "sendo em casa". Além disso, algumas empresas o comercializaram como um "vestido doméstico". E, em 1957, ocorreu a publicação do livro de Anne Fogarty, *Wife dressing: the fine art of being a well-dressed wife (with provocative notes for the patient husband who pays the bills)* [A arte de ser uma esposa bem-vestida (com observações provocativas para o marido paciente que paga as contas)].

Acima: Vestido-camisa de Laura Ashley da coleção outono/inverno de 1986/87.
À direita: Duas mulheres com vestidos de verão, em 1955; a da esquerda escolheu o vestido-camisa famoso na época.

Mas o vestido-camisa havia percorrido um longo caminho até aquele ponto de onipresença. Vestidos com botões na parte de cima já tinham sido usados no início dos anos 1900, e um livro foi publicado em 1917 com o título *Patterns for blouses and dresses*, a respeito do vestido com toque masculino, que era uma peça feita para seguir praticamente as mesmas linhas do robe dos homens. Nos anos 1920, sua praticidade fez com que ele fosse adotado para ser usado como uniforme de enfermeiras e professoras. Nos anos 1940, o racionamento de tecidos durante a Segunda Guerra fez o Reino Unido estabelecer uma série de "roupas utilitárias" aprovadas pelo governo, e a versão comum do vestido-camisa, com ombros quadrados e saia reta, tornou-se peça básica. Ao longo dos anos 1950, o vestido-camisa persistiu, sendo atualizado regularmente por mudanças de tecido; em 1955, por exemplo, como a revista *Harper's Bazaar* sugeriu, ele estava "florescendo, com seu jeito atual ainda mais acentuado graças a uma das estampas botânicas mais incríveis da primavera – tons verdes, amarelos e cor-de-rosa intensos".

O vestido-camisa pode ter feito uma longa trajetória até se tornar um modelo resgatado várias vezes, mas em meados de 1960 ele sofreu a primeira queda de popularidade, antes de voltar nos anos 1970 em versões mais sensuais graças a Roy Halston Frowick e Ralph Lauren. Rudi Gernreich foi um dos estilistas que ajudaram a matar o modelo; seu desfile de 1967 causou surpresa na plateia com uma modelo usando um vestido-camisa marcado na cintura, cobrindo os joelhos, com meia de náilon, bolsa, sapatos e luvas combinando. Em seguida, apareceu outra modelo com um minivestido revelando as coxas, na mesma estampa do modelo anterior. Gernreich os chamou de "senhora Quadrada e senhorita Quadril". E não havia dúvida em relação a quem era quem.

A cantora Taylor Swift em uma interpretação mais literal de um vestido-camisa, em Los Angeles, em 2013.

CAFTÃ

Chame do que quiser – desde *boubou*, *takchita* e *dashiki*, como várias culturas o chamaram ao longo da história –, é difícil pensar em uma peça mais simples ou mais antiga do que o caftã. Lisa e sem adornos ou muito colorida, decorada e recortada, como a realeza e os abastados preferiam (e às vezes presenteavam dignitários em visita com o caftã), essa peça básica é, na essência, uma túnica simples, larga, de mangas longas, três-quartos ou até o tornozelo, de vestir pela cabeça. Assim, ela preservava a dignidade de quem a vestia enquanto mantinha o aquecimento.

O caftã é uma peça unissex, originada no Oriente Médio e na Ásia e popular entre os otomanos, que os faziam de veludo, brocado de seda e fios metálicos em azul, vermelho, violeta e amarelo. *Kaftan* é uma palavra persa, e dizem que as primeiras peças se originaram aproximadamente em 600 a.C. na Mesopotâmia – Síria, Kuwait, Irã, Iraque e Turquia (onde o Palácio Topkaki, em Istambul, abriga uma coleção de caftãs raros, históricos e extravagantes).

Sua ascensão como item de moda foi alimentada por um interesse recorrente em todas as coisas relacionadas ao Oriente, ao exótico e ao misterioso. O caftã chamou a atenção do movimento hippie dos anos 1960, demonstrando uma afinidade com valores não ocidentais. Em outros lugares, lançadores de moda, como a então editora da *Vogue*, Diana Vreeland – cuja visita ao Marrocos havia inspirado editoriais de moda –, adotaram o modelo, bem como os estilistas de roupas femininas Pierre Cardin, Emilio Pucci, Krizia, Valentino e Oscar de la Renta, além de nomes menos conhecidos, como Germana Marucelli, Dorothée Bis e Thea Porter. Celebridades de Grace Kelly a Elizabeth Taylor o usavam.

Para os estilistas, o caftã, normalmente de lã, seda, caxemira ou algodão, era uma tela ideal para exibir, de modo interessante, estampas e detalhes, uma ideia que permaneceu nos anos 1970. Versões para a noite mais luxuosas feitas por Roy Halston Frowick, que agradavam às celebridades do cenário noturno no Studio 54, em Nova York, eram peças distantes do caftã básico comprado pelos hippies por um preço muito baixo nos brechós orientais. Yves Saint Laurent – que tinha uma casa em Marrocos, onde ele costumava encontrar inspiração para suas criações – também ficou animado com a liberdade, a elegância e o toque boêmio da peça.

Mas não foi a primeira vez que o caftã esteve em voga: o casamento da neta da rainha Vitória com Nicolau II da Rússia, no fim do século XIX, estimulou uma rápida fama da peça quando a noiva foi fotografada em um caftã, um modelo utilizado pelos russos. Mas esse toque oriental chegou ao ápice nos anos 1910, quando a companhia Ballets Russes, de Serge Diaghilev, apresentou *Scheherazade* com roupas inspiradas na cultura oriental, feitas por Léon Bakst. Por sua vez, o costureiro Paul Poiret adotou a estética do drapeado, usando a esposa Denise como modelo. Sob sua influência, a peça ajustada, com cintura marcada típica do período, experimentou o encanto da liberdade e da facilidade que remetia aos pintores pré-rafaelitas e suas musas, além de ser perfeita para ambientes casuais. De fato, foi essa qualidade descomplicada e fluida que fez o caftã se tornar uma peça predominante no guarda-roupa de verão, em especial, em festivais ou como uma alternativa mais glamourosa ao sarongue usado na praia ou à beira da piscina.

À esquerda: Jennifer Lopez usa um caftã na gravação do clipe "Live it up", em praia da Flórida, em 2013. Página ao lado: A cantora e atriz francesa Marie Laforêt, clicada no início dos anos 1970.

AUTOMNE -

Modelo com vestido em linha A e casaco coordenado, de Bodin, e chapéu de Lanvin-Castillo, coleção primavera/verão de 1962.

VESTIDO LINHA A

As barras podem subir e descer, e certos modelos têm sua época, mas poucas silhuetas podem ter sido tão influentes no fim do século XX quanto o que passou a ser chamado de linha A. O formato, triangular a partir dos ombros ou do quadril, tem precedência histórica: a moda elisabetana do século XVI insistia em comprimir o busto e ampliar a saia, produzindo um formato de "A"; as armações sob as saias no século XVII criavam linhas parecidas. Já a moda feminina durante a era eduardiana, com ênfase em conquistas físicas novas, como andar de bicicleta, combinava blusa com saia evasê na altura do tornozelo para também conseguir o efeito em linha A. Mesmo em meados do século XX, o casaco com corte evasê atrás, de Jacques Fath, do fim dos anos 1940, tinha um toque de linha A. Mas foi Christian Dior quem batizou o estilo "linha A" em sua coleção de primavera de 1955.

O de Dior foi uma versão exagerada: o *look*-chave era um casaco evasê descomplicado sobre uma saia de pregas mais evasê, uma verdadeira letra A maiúscula, para manter os formatos de letras que inspiravam suas coleções (ele também fez modelos com base no H e no Y). Na verdade, a linha A foi criada, em parte, para romper com o padrão de cintura ajustada de sua linha Corolle, apresentada como parte do New Look, em 1947, e influente por muitos anos depois. A linha A era, como disse a *Vogue*, "o triângulo mais belo desde Pitágoras" e, apesar de não ter sido bem-sucedida de imediato, inspirou cópias e padrões de costura.

Foi em 1958, com a primeira coleção de Yves Saint Laurent na Christian Dior, que a linha A se estabeleceu como um formato moderno e com grande apelo, sobretudo por ser elegante, por afinar a cintura e esconder quadril e coxas. A coleção Trapeze, de Saint Laurent, trazia casacos e vestidos na altura do joelho que se alargavam no corpo de modo mais suave e menos drástico do que as peças de Dior, apesar de versões mais extremas logo terem sido criadas por outros estilistas.

Modelos em fila com vestidos da coleção primavera/verão de 1968 de André Courrèges.

Apesar da longa história, a linha A, com sua ênfase no conforto sem sacrificar a estrutura, passou a ser vista como uma forma futurista, sobretudo na era espacial dos anos 1960. A descontração do minivestido em linha A inspirado em Mary Quant parecia adequada para a explosão da moda jovem. Foi uma forma gráfica e fácil de usar à qual cores fortes, bolsos e vários decotes podiam ser aplicados. A linha A dos anos 1960 explorou novos materiais da moda, como papel, PVC e outros plásticos; o fato de conseguirem manter uma rigidez os tornava ideais, como os estilistas franceses Pierre Cardin, Emanuel Ungaro e André Courrèges investigaram. E a coleção Moon Girl, de Courrèges, de 1964, incluía minivestidos em linha A em plástico prateado inspirado em roupas de astronauta. Mas a linha A continuava sendo uma peça importante da moda porque funcionava sem depender do comprimento: nos anos 1970, ela apareceu em modelos mais compridos, feitos de jeans e usados com botas até o joelho.

Abaixo: Vestidos coloridos em linha A de Hanae Mori e Charles Cooper modelados em 1970. Página ao lado: Um vestido trapézio azul-claro com costura dupla de Claret, 1967.

VESTIDO PLISSADO

Do ponto de vista da moda, o problema com a saia plissada tem sido sua longa associação com uma aparência antiquada. A saia plissada está relacionada ao uniforme escolar de uma garota, parecido com um kilt, ou a uniformes antigos – a saia de vovozinha como a de Miss Marple e as da rainha Elizabeth II em eventos menos formais. A função das pregas, que formam o plissado e permitem que o tecido ganhe elasticidade e se molde ao corpo sem o uso de recortes ou pences, é facilitar os movimentos quando necessário, mas torna a peça pouco atraente para as não tão magras.

Mas talvez não seja o caso do vestido plissado, que foi além de sua natureza utilitária de pregas e assumiu o que algumas pessoas chamam de ar juvenil. Em 1938, o *Montreal Gazette*, falando sobre moda fora de Nova York, disse que "ninguém deixa de se impressionar com o modo com que as pregas se mantiveram – pregas para o dia e pregas para a noite, pregas com estampas e pregas em tecidos lisos... O modelo plissado tem um ar jovial irresistível". Na verdade, a voluptuosa Marilyn Monroe proporcionou um dos momentos mais famosos da história do vestido plissado quando o dela – feito pelo costureiro de Hollywood, William Travilla – esvoaça até a nuca no filme *O pecado mora ao lado* (Billy Wilder, 1955).

Saias e vestidos com diversos tipos de pregas – a prega faca, o plissado, a prega tipo cartucheira, a prega macho e a Fortuny – têm uma longa história a partir do Egito antigo e dos vikings. Elas eram uma característica comum nas roupas dos abastados (porque para fazer as pregas é necessário usar mais tecido) durante as épocas medieval e renascentista, bem como no século XVIII. Elas também estimularam uma história criativa de design: a prega Fortuny é chamada assim por causa do estilista espanhol Mariano Fortuny, cujo processo secreto de pregas, desenvolvido para as sedas delicadas em 1907 e patenteado em 1909, permitiu a criação de vestidos de caimento revolucionário, incluindo os compridos inspirados na Grécia antiga, Delphos, como os usados por Lillian Gish e outras estrelas do cinema mudo.

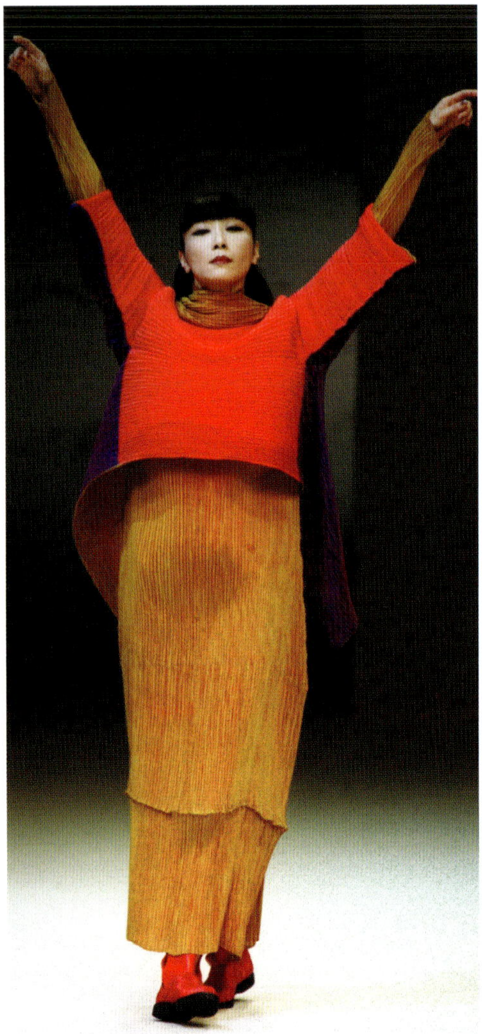

Acima: Vestido, camisa e capa da coleção outono/inverno de 1995/96 de Issey Miyake, o estilista japonês que tornou o microplissado a base da linha toda. À direita: Régine Flory, vestida por Mariano Fortuny em Paris, c. 1910.

A escultora francesa Germaine Krebs, que se tornou estilista, conhecida como Madame Alix Grès, também ganhou elogios por seus vestidos gregos no fim dos anos 1940 e nos anos 1950. Cada vestido envolvia pregas feitas à mão que não ultrapassavam um milímetro de largura e, assim, demandava cerca de 300 horas de trabalho. A estilista norte-americana Claire McCardell viu o potencial da prega plissada para roupas menos formais por volta da mesma época, e, em 1947, Christian Dior aplicou pregas em seu tailleur Bar com uma saia feita de crepe de lã.

As pregas foram um convite à criatividade: nos anos 1950, a estilista irlandesa Sybil Connolly desenvolveu um processo ao longo de oito meses que tornou permanentes pregas horizontais feitas no linho, visando criar uma tendência baseada na característica natural do tecido de formar vincos. "Se você a amarrotar dentro de uma mala, vai tirá-la intacta para aproveitar momentos de descontração", como a *Vogue* publicou em 1957. Cerca de 8,2 metros de linho eram necessários para fazer um vestido pregueado. E, em 1993, o estilista japonês Issey Miyake lançou sua linha Pleats Please [Plissados, Por Favor], baseada nos microplissados tradicionais, mas em tecidos de poliéster para criar peças leves, modernas e fáceis de usar, algumas das quais com pregas em zigue-zague.

Ao longo do século XX, o vestido plissado chamou a atenção de estilistas mais progressistas, como Elsa Schiaparelli, Jean Dessès e Yohji Yamamoto. Mas foi Miyake de novo, dessa vez no século XXI, quem provavelmente ofereceu a confluência mais inesperada da metodologia moderna com sua técnica de vestimenta antiga: para sua coleção de 2004, Fête, em especial para o vestido Colombe, ele usou ondas ultrassônicas que emitiam vibração de calor para criar pregas de uma complexidade nunca antes vista.

O cartaz do filme *O pecado mora ao lado* (1955) mostra um dos vestidos mais famosos da história do cinema.

4.

CALÇAS

calça de couro / calça palazzo / legging / saia-calça / jeans / hot pants / terninho / calça harém / calça cápri / calça-pijama

CALÇA DE COURO

Justas, as calças de couro são selvagens e têm forte apelo sexual. Claro que essa não era a intenção original; uma forma de calça de couro tem sido usada como cobertura protetora das pernas há muito tempo, desde a pré-história, inclusive pelos gregos antigos, os inuítes e outros povos de clima frio extremo. Os cavaleiros da Europa medieval as usavam como uma camada entre a pele e a armadura, bem como os motociclistas desde o início do século XX.

Foi pelo mesmo motivo que, no século XIX, elas passaram a ser associadas a fazendeiros do oeste norte-americano, apesar de as *chaps* – do espanhol *chaperajos*, que significa "perna de ferro"– serem usadas sobre a calça jeans para proteger as roupas na sela. Foi esse aspecto da tradição da calça de couro que inspirou Jim Morrison da banda The Doors. Ele aprendeu com o filme *Vidas em fuga* (Sidney Lumet, 1960), no qual Marlon Brando interpreta um caubói moderno. Morrison convenceu um alfaiate de Beverly Hills – um imigrante alemão que sabia fazer o tradicional *lederhosen* [calças de couro] – a fazer a dele não com couro resistente de vaca, mas com o couro supermacio da produção de luvas, que, desse modo, tornava a peça muito mais maleável para marcar o corpo. Foi assim que a calça de couro conseguiu sua associação mais famosa: como parte do estilo – normalmente em preto ou vermelho – de um deus do rock, desde Eddie Cochran até Gene Vincent, passando pelos Beatles em Hamburgo até o glam rock do Aerosmith, Mötley Crüe, Guns N'Roses e Kiss.

Essa forma mais teatral do rock, de meados de 1970 até meados de 1990, aumentou a sugestão da calça de couro como indicadora de culturas transgressoras, rebeldes e sexuais, e não como proteção, e foi adotada tanto por mulheres quanto por homens. As primeiras roqueiras da época, Suzi Quatro, Joan Jett, Chrissie Hynde, Tina Turner e, em especial, Lita Ford, lideraram o caminho, talvez percebendo na calça de couro um modo de serem vistas com igualdade em relação a

Página ao lado: Brigitte Bardot, atriz francesa, com jaqueta de PVC e calça de couro durante os anos 1960. Abaixo: Suzi Quatro, roqueira norte-americana, com "uniforme" de couro preto do rock 'n' roll, em 1973.

seus contemporâneos do sexo masculino e de se distanciar de qualquer noção estereotipada de feminilidade delicada e cor-de-rosa. O deus poderoso do rock se tornou uma roqueira ousada.

Somente quando versões da calça de couro feitas por estilistas apareceram, e quando a peça perdeu um pouco de sua crueza em favor do glamour, em grande parte devido à reafirmação da feminilidade, as calças foram combinadas com saltos ou blusas largas de seda. O couro tem uma maleabilidade natural, mas também consegue oferecer estrutura e definição, o que o torna adequado para muitos tipos de silhueta feminina. Perdeu-se a relação com o desleixo e surgiu a associação com o luxo, com um toque descontraído.

Claude Montana, o estilista francês que sempre se referiu aos fetiches e ao mundo masculino, fez da calça de couro uma parte essencial de sua primeira coleção em 1977. Na mesma época, Thierry Mugler também a incluiu em sua marca registrada, em couro envernizado e couro elástico para um caimento ainda mais justo. Ao longo dos cerca de quinze anos seguintes, a passarela mostraria a calça de couro em diversas variações: microshort de cintura alta coberto por strass, em todas as cores, desde o neon (Versace) ao neutro (Calvin Klein) e, mais tarde, até mesmo como leggings. Graças a estilistas como Isabel Marant e Balmain, a calça de couro se tornou uma alternativa popular ao jeans skinny.

À esquerda: Chrissie Hynde, vocalista do Pretenders, no fim dos anos 1970. Abaixo: A cantora Marianne Faithful com roupas de pele e couro no Shepperton Studios, Reino Unido, em 1967. Página ao lado: Debbie Harry, vocalista do Blondie, em uma sessão de fotos em 1977.

CALÇA PALAZZO

Com tecido leve (em geral, crepe de seda ou jérsei) e proporções volumosas, as palazzo são calças compridas com perna muito larga que vai se abrindo a partir do quadril. Não é de surpreender que a chamada calça palazzo – *palazzo* é "palácio" em italiano – fosse antes conhecida de modo mais prosaico como "calça de praia". Afinal, ela permite que o ar circule sobre a pele sem revelar nada; é parecida com uma saia, mas protege a intimidade no caso de um vento mais forte. Assim, passou a ser o modelo ideal para os balneários chiques frequentados pelos abastados nas primeiras décadas do século XX, quando a vestimenta feminina se libertou de certos valores sociais ao assumir elementos do guarda-roupa masculino, como as calças.

A calça tinha um apelo óbvio: era elegante, estreitava a cintura e oferecia conforto. Às vezes, era usada com uma blusa larguinha para combinar e criar uma versão mais drástica do *look*, claramente inspirado nos pijamas. Exemplos desse modelo foram produzidos nos anos 1920 pelos modistas parisienses Edward Molyneux e Paul Poiret (que também colocou em voga a calça harém, p. 96). Além disso, o conforto que oferecia fez da calça palazzo uma escolha popular para os momentos em casa – assim, pode representar a origem da roupa de lazer.

Coco Chanel era fã e usava a calça nas férias, mas também a tirou do contexto de verão mais comum apresentando-a em lã de jérsei em sua loja em Deauville, Normandia. Chanel também libertou a blusa em estilo bretão dos trajes tradicionais de pescadores (p. 105), e a calça palazzo talvez deva um pouco à calça de perna ampla usada pelos gondoleiros em Veneza.

Chanel não foi a única mulher a usar a calça palazzo: a peça se tornou popular em versões similares com atrizes da era de ouro de Hollywood, como Veronica Lake e Carole Lombard, que virou notícia ao usar a calça para jogar golfe com seu marido, Clark Gable, no requintado Riviera Country Club, em Los Angeles. A atriz Katharine Hepburn, ligada às tendências da moda, usou um modelo parecido – mais semelhante a uma calça e com uma dobra – uma década depois, que ela chamou de *lounge pants*, e assim muitas mulheres durante a década de 1960 encontraram uma maneira de vestir calças de um jeito que não ofendesse a sociedade, que ainda acreditava que a calça deveria fazer parte apenas do guarda-roupa masculino.

Isso ocorreu em grande parte graças à coleção Palazzo produzida em 1960 pela aristocrática e influente estilista russo-georgiana Irene Galitzine, cuja calça de tecido sedoso e de pernas amplas ajudou o modelo palazzo a se tornar uma peça da vestimenta para a noite mais *avant-garde* em eventos sociais. Foi a então editora da *Vogue*, Diana Vreeland, que a chamou de calça palazzo, em referência aos balneários caros no Mediterrâneo, para os quais ela parecia ideal.

A estilista Coco Chanel com o duque Laurino de Roma, no Lido, nos anos 1920.

As calças palazzo não eram para as tímidas. A grande quantidade de tecido logo se tornou espaço para experimentação com bordados e estampas chamativas. Por exemplo, Emilio Pucci, piloto italiano da força aérea que se tornou estilista e "príncipe das estampas", criou calças de jérsei de seda com estampas geométricas, com influência da Op Art, quase psicodélicas, durante os anos 1960. A calça também se rendeu à leveza do jérsei de seda, que Pucci inventou em 1968.

As mulheres estavam muito mais libertas dos limites impostos na década de 1970 quando Bianca Jagger fez da calça palazzo sua marca registrada, fazendo com que a peça fosse muito copiada. Ingrid Bergman usou o modelo em 1975 na festa do Oscar e foi considerada elegante, mas ousada, em uma época em que o código de vestimenta ditava black tie tradicional ou vestidos de festa. A calça palazzo pode ter sido historicamente associada ao lazer e até ao esporte, mas a silhueta leve e a combinação com tecidos finos a tornam ideal para ser usada à noite. Muito feminina, elegante e disponível em múltiplos tons e estampas, a calça palazzo continua em voga nas mãos dos estilistas, de Céline a Marc Jacobs.

Modelo com calça palazzo em crepe de seda pesado, criada por Emilio Pucci, em 1968.

LEGGING

Quando Olivia Newton-John apareceu no clipe da canção "Physical", em 1981, ela estava vestida com adequação para a música e para o fascínio da década pelos exercícios físicos: faixa na cabeça, camiseta de algodão amarrada com nozinho na cintura, polainas e leggings. Durante a década, ela não foi a única a adotar a calça legging, peça do vestuário de dançarinos: Madonna, Cyndi Lauper e o grupo de garotas Bananarama a adotaram e a usavam com frequência, como um tipo de segunda pele por baixo de uma saia curta e, às vezes, com polainas.

A legging pode ter sido um dos modelos que definiram o fim dos anos 1970 e a década de 1980, mas, como as meias-calças, o apelo estava no conforto e na facilidade de uso. O mesmo raciocínio está por trás de sua antecedente. Apesar do espanto durante os anos 2010 com a ideia de os homens usarem *meggings* (leggings masculinas), a partir dos anos 1300 as leggings eram usadas por homens como uma camada protetora. No início, eram duas peças – uma para cada perna –, feitas de lã ou couro, usadas sob a malha metálica pelos cavaleiros ou sob uma bata pelos servos que cuidavam da terra. Homens que realizavam trabalhos de todos os tipos ao ar livre gostavam da camada protetora que essa peça proporcionava, e, por fim, foi dela que as ceroulas para homens se desenvolveram, bem como os *bloomers* para as mulheres.

Audrey Hepburn adotou uma espécie de legging – preta, usada com *ballerinas* e camisa branca ou blusa de gola polo preta – como um tipo de marca registrada. Esse *look* se tornou conhecido depois que ela o exibiu no musical *Cinderela em Paris* (Stanley Donen, 1957), com uma trama em parte a respeito da procura de um fotógrafo, inspirado em Richard Avedon, pela próxima grande tendência da moda. Mas só dois anos depois uma peça parecida com uma calça foi criada para mulheres, quando os avanços na tecnologia têxtil criaram materiais mais flexíveis que tornaram a forma e a elasticidade possíveis.

Modelo com legging de estampa abstrata da estilista Maya Hansen, em Madri, 2002.

A empresa química DuPont inventou as primeiras versões da Lycra em 1959, dizendo que suas fibras spandex podiam se estender até 500% e ainda manter a forma. Isso levou à criação de calças superskinny com faixas de tecido na cintura, parecidas com a calça cápri, popular na época (p. 98), e o mundo da dança rapidamente adotou modelos semelhantes, tanto pela flexibilidade quanto por sua proposta de manter os músculos da perna aquecidos durante o ensaio.

Em pouco tempo, a calça saiu do âmbito profissional para o amador, e no fim dos anos 1970 as leggings eram comuns em discotecas. Foram peças básicas na explosão da dança e da aeróbica nos anos 1980 – levadas pelo *Workout book*, de Jane Fonda (1982), e pelo filme *Flashdance* (Adrian Lyne, 1983) – ao mesmo tempo que estilistas a adotaram como peça da moda. Talvez a mais importante entre eles tenha sido a nova-iorquina, Norma Kamali, cuja coleção de roupas de ginástica foi a primeira a levar as peças da academia para a rua; e a marca Bodymap, dos estilistas londrinos David Holah e Stevie Stewart, lançada em 1982, contribuiu para dar um toque estiloso à legging.

A atriz Debbie Reynolds faz uma coreografia com legging preta e salto alto.

SAIA-CALÇA

A estilista Elsa Schiaparelli causou sensação ao usar o que parecia uma saia "dividida" durante uma viagem a Londres para comprar tweed na primavera de 1931. Embora as calças usadas por todas as mulheres, menos as mais progressistas (ou famosas), fossem consideradas desrespeitosas, as mulheres estavam usando uma peça que misturava short/calça/saia desde os anos 1920, sobretudo para participar de esportes e atividades físicas que se tornavam populares.

Essa peça híbrida sempre se escondera atrás de uma semelhança com a saia-envelope, ainda que fosse apenas para manter as aparências da roupa feminina padrão. A peça induzia a uma forma de autoengano em massa: desde que a calça pudesse parecer uma saia, a sociedade faria vista grossa à forma. Schiaparelli aproveitou-se disso e foi condenada pela imprensa britânica. A jogadora de tênis Lilí de Álvarez, que usou a "saia dividida" de Schiaparelli no torneio de Wimbledon no mesmo ano, também foi criticada.

"Saia dividida" usada por mulheres mais progressistas para a temporada de caça de 1922.

Existe uma teoria de que a saia-calça passou a ser malvista depois de um processo por atentado ao pudor contra a autora britânica Radclyffe Hall, por seu romance de 1928, *O poço da solidão*, a respeito de uma lésbica. Antes do processo, as mulheres que decidiam vestir calças eram, pelo menos no Reino Unido, consideradas malucas, mas depois do processo passaram a ser associadas ao lesbianismo. A comoção foi menor entre os seguidores da moda na França, para quem o modelo era historicamente familiar. Ali, uma peça parecida com a de Schiaparelli vinha sendo usada pelos cavalheiros da aristocracia desde os anos 1500. As saias-calças, na verdade, passaram a ser mais conhecidas devido à oposição a eles: durante os anos 1790 e a Revolução Francesa, os contrários ao sistema hierárquico rígido diziam ser *sans-culottes* [sem saia-calça], e sua filosofia antielitista era chamada *sans-culottism*, e se diferenciavam usando calças compridas, no comprimento convencional.

As saias-calças foram ganhando aceitação aos poucos, em parte por sua novidade. Em 1939, o *Deseret News* disse que "o talento de Schiaparelli para liderar algo totalmente novo e divertido de usar deve ser o responsável por sua incrível popularidade. Veja o tailleur, por exemplo, com sua saia dividida – ou jupe culotte, afofada como as antigas calçolas de 'ginásio' – no lugar da saia formal". Apesar disso, o ápice do interesse pelas saias-calças só ocorreu nos anos 1950.

A breve popularidade da bombacha, calça inspirada naquelas usadas pelos gaúchos da América do Sul, foi em parte responsável por esse ápice. Alcançando a metade da panturrilha e definitivamente uma forma de calça, ela era uma reintrodução mais leve à similar saia-calça, mas mais curta, em geral usada até o joelho ou, de modo ousado, até a metade da coxa. As saias-calças fizeram reaparições na moda ao longo das décadas seguintes – estilistas como Stella McCartney, Marc Jacobs e Bottega Veneta as repropuseram em 2011, por exemplo – com frequência, elas dividiram opiniões, de modo compreensivo, pois sua indefinição limitava seu charme.

Acima: Saia-calça azul na altura dos joelhos em foto para a *Vogue*, em 1955. À direita: A estilista Elsa Schiaparelli, pioneira das saias-calças para mulheres, em Londres, nos anos 1920.

JEANS

A atriz Brooke Shields tinha só 15 anos quando apareceu em uma propaganda de TV do jeans Calvin Klein, em 1980. Sua idade não teria provocado controvérsia se não fosse pelo modo com que o anúncio se estendia sobre seu corpo contorcido, com a frase: "Você quer saber o que fica entre minhas Calvins e eu? Nada". Foi o suficiente para fazer com que a associação Women Against Violence in Pornography and the Media [Mulheres contra a violência na pornografia e na imprensa], um grupo norte-americano, condenasse o anúncio como "propaganda usando crianças em poses sensuais para vender um produto".

Também foi o suficiente para transformar a Calvin Klein, que deixou de ser uma empresa de US$ 25 milhões e passou a valer US$ 180 milhões em menos de um ano. Foi a consolidação do mercado de "jeans de marca", comprovada pelos ganhos de marcas como Gloria Vanderbilt, Fiorucci e Jordache. A mensagem não foi só de que sexo vende, mas de que a calça jeans era sexy – uma ideia que a agência de propaganda Bartle Bogle Hegarty exploraria nos anúncios de TV de meados dos anos 1980, "Launderette" e "Bath", mostrando homens musculosos usando calça Levi's 501 e mais nada no resto do corpo.

As décadas de 1970 e 1980 foram marcadas pela feminização do jeans de cinco bolsos, até então associado com as conquistas masculinas para as quais Levi Strauss e Jacob W. Davis (o inventor de rebites de cobre para reforçar pontos de atrito) tinham feito a peça em 1873 – o trabalho de mineradores, caubóis e operários da indústria. No entanto, a Levi's criou a primeira calça jeans exclusiva para mulheres em 1934. A Lady Levi's, lote número 701, foi criada sobretudo para mulheres que trabalhavam em ranchos, embora uma foto tenha aparecido na *Vogue* em 1935. A braguilha com zíper foi apresentada pela primeira vez nesse modelo em 1947 para quem considerava a braguilha de botões inapropriada para mulheres.

O jeans tem percorrido um longo caminho e está disponível em vários modelos e acabamentos, de skinny a carpinteiro e de desbotado a

Página ao lado: Marilyn Monroe com jaqueta de brim e calça jeans, em 1960, no set de *Os desajustados*. Abaixo: Brooke Shields em campanha do jeans Calvin Klein, foto de Richard Avedon, em 1980.

estonado. É feito de um tecido produzido primeiro em Nîmes, na França (daí o nome de Nîmes ou denim), e usado desde o século XVII pelos navegadores mercantes de Gênova (daí o termo jeans).

Nos anos 1940, a pioneira de roupas prontas para usar, Claire McCardell – criadora do vestido "popover", usado enrolado ao corpo, e do vestido com botões na parte de cima (p. 30) –, foi uma das primeiras a aplicar a durabilidade do jeans às roupas femininas, buscando vestir a nova mulher, de vida agitada no pós-guerra, com peças casuais, esportivas e funcionais. Isso deu ao jeans sua aprovação entre os profissionais de escritório da Costa Leste dos Estados Unidos e o primeiro indício de que ele poderia ser mais que uniforme de adolescentes e que poderia ser usado por adultos sofisticados que não viviam no campo.

No entanto, quando Marilyn Monroe usou um 501 no filme *Os desajustados* (John Huston, 1961), foi um contraste com seu glamour feminino. Os hippies da contracultura da Costa Oeste americana de meados ao fim dos anos 1960, junto com pacifistas pela igualdade de direitos, usavam o jeans por sua praticidade – eram roupas baratas, abundantes e confortáveis – como uma afirmação de igualdade e de solidariedade com os operários, mas também, na essência, para derrubar estereótipos de gênero. Isso mudou quando Calvin Klein se tornou o primeiro estilista a mostrar o jeans na passarela, em 1976, ainda que somente em 1981 a Levi's tenha lançado o jeans 501 especificamente para mulheres.

Foram grandes passos na consolidação do jeans na moda feminina. Muitos modelos apareceram, desde jeans largo a partir do joelho, ou boot-cut (mostrado como o "jeans do caubói" pela Wrangler em 1947), ao reto, baggy, boyfriend (uma insinuação ao fato de que, se uma mulher quisesse usar uma calça jeans, ela teria que pegar a calça do namorado) e o jeans de cintura baixa, que veio depois das *bumsters* [trocadilho com a palavra *bum*, "traseiro", em inglês], de Alexander McQueen, em 1993.

**Abaixo, à esquerda: Modelo para a loja de departamentos Neiman Marcus com calça jeans de Claire McCardell, nos anos 1940.
Abaixo, à direita: Modelo com jeans customizado Stars and Stripes, Nova York, 2009.
Página ao lado: Jeans skinny estonado, 2009.**

HOT PANTS

Short muito curto e justo, as hot pants têm um nome adequado em inglês [shorts "quentes"], tanto pela conotação sexual quanto pela intensidade com que surgiram no mundo da moda, mas que logo diminuiu. Poucas peças do vestuário feminino representaram tão bem sua época, principalmente 1971, um período de maior liberação sexual feminina (e de desaprovação conservadora concomitante), da ascensão da discoteca e até mesmo da necessidade de se encontrar uma alternativa mais prática e menos reveladora para a revolucionária minissaia de Mary Quant (p. 27). Sua invenção também é atribuída a Quant, e o nome, à revista *Women's Wear Daily*. No fim de 1971, a revista *Life* resumiu o ano com bom gosto, declarando: "hot pants: a short but happy career" ["hot pants: uma carreira curta, mas feliz"].

Esse modelo resumiu a crescente ousadia na moda feminina daquela década. Ele foi uma versão mais curta do popular short justo de praia dos anos 1940 e 1950, em especial usado por Betty Grable, Marilyn Monroe, Esther Williams e pelas *pin-ups* ilustradas por George Petty e Alberto Vargas. A peça também questionou como aquela ousadia poderia ultrapassar um limite culturalmente aceito pelo respeito ao decoro e quanto uma mulher poderia ou deveria revelar de seu corpo.

Em um momento, as hot pants eram uma tendência importante na moda, apresentadas nas passarelas da França e da Itália para a coleção outono/inverno de 1970-71, e, no seguinte, tornaram-se um item de massa usado em festas, casamentos e escritórios. As comissárias de voo da companhia norte-americana Southwest Airlines ficaram conhecidas pelo uniforme composto de hot pants laranja e botas até o joelho. Outro motivo pelo qual o ano de 1971 foi um período de surgimento acelerado das hot pants foi devido à criação do poliéster, que permitiu que os shorts fossem elásticos e justos. O modelo inspirou padrões de costura ilimitados, um novo coquetel à base de tequila e Schnapps, além de canções de Vicki Anderson, Soul Brothers Inc., Bobby Byrd e James Brown. Em "Hot pants" (1971), Brown cantou: "Hot pants make you sure of yourself / Good Lord – you walk like you got the only loving left", o que também identificou o modelo como ideal para a dança.

**Página ao lado: Modelo com hot pants de couro bege de John Galliano para a coleção de verão de 2000 da Christian Dior.
Abaixo: Jennifer Lopez no set de gravação de um clipe em 2002. À direita: "I'm Cheryl. Fly me." ["Sou a Cheryl. Pilote-me."] Comissária de bordo da Southwest Airlines do Texas com uniforme de botas de couro e hot pants, de acordo com o lema da companhia de que "sexo vende assentos", nos anos 1970.**

Houve quem condenasse as hot pants porque elas passavam a ideia de sexo. Como uniforme, as mulheres pareciam garçonetes de boates, *strippers* e prostitutas. Era esse o tipo de exportação cultural que países não ocidentais não queriam, nem mesmo em cetim ou veludo, muito menos nos tons cor de pele que sugeriam que a mulher estava seminua. A peça foi censurada por Daniel Moi, vice-presidente do Quênia, como "um tipo de vestimenta grotesca, indesejável e malquista". Até mesmo o Ocidente reconheceu a vida dupla do modelo: quando o departamento de figurino do filme *Taxi driver* (Martin Scorsese, 1976) quis expressar a inocência perdida de Iris, interpretada por Jodie Foster, ao se tornar uma prostituta ainda menina, ele o fez com hot pants.

Isso – e a mudança rápida na moda para saias mais compridas – foi o tipo de associação que tirou o espaço dos shorts tão curtos. Pense no short jeans rasgado usado por Daisy Duke em *Os gatões* (uma série de televisão de 1979) ou no short de pele e camurça na coleção do Fashion Institute of Technology em Nova York para ter ideia de como o modelo – apesar de ser ressuscitado de tempos em tempos pelos estilistas Katharine Hamnett, Azzedine Alaïa e Dolce & Gabbana, e por artistas como Kylie Minogue em lamê dourado e Beyoncé, com o seu de couro preto – pertence aos anos 1970, assim como as botas plataforma e a calça boca de sino.

À esquerda: A atriz americana Jodie Foster no set de *Taxi driver* (1976). Abaixo: A artista japonesa Yoko Ono na abertura de uma galeria durante os anos 1970. Página ao lado: A atriz italiana Sophia Loren posando para uma campanha publicitária, em Roma, 1955.

TERNINHO

Era corajoso para qualquer mulher brincar com estereótipos de gênero por meio de suas roupas durante os anos 1920 e 1930. As exceções, talvez, fossem as estrelas de Hollywood, como Marlene Dietrich, que usou terninhos de Elsa Schiaparelli, e Josephine Baker, cliente do alfaiate parisiense Cifonelli, ou, mais tarde, artistas como Frida Kahlo e Lee Miller. A vida de celebridade e/ou *avant-garde* permitia isso, de certa forma. Mas não para as pessoas comuns.

A sociedade tem mantido fortes proibições culturais contra mulheres que se vestem como homens e, às vezes, como no fim do século XVIII e no início do século XIX, declara tal proibição em forma de lei. Foi apenas do início dos anos 1890 até o fim da primeira década dos anos 1900 que as mulheres puderam usar calça em público para andar a cavalo e de bicicleta. Mas isso não foi um problema para a maioria delas, e menos mulheres ainda teriam pensado em usar o que era fortemente definido como um terno masculino de duas peças – foi a escolha de algumas primeiras defensoras dos direitos femininos durante os anos 1920 exatamente devido à natureza escandalosa e à referência à boemia.

Foi uma vestimenta política porque, durante a história, outras mulheres viram os benefícios do poder das roupas masculinas e adotaram essas vantagens psicológicas em tempo integral. Em meados do século XIX, Josephine Monaghan foi forçada a sair pela fronteira oeste dos Estados Unidos depois de ter um filho bastardo e sobreviveu vestindo-se como homem, cortando os cabelos bem curtos e até marcando o rosto para um efeito mais convincente. O general português Tito Gomes foi preso por três anos na década de 1990 depois de cometer a fraude de receber pensão militar por vinte anos. O general, mais conhecido por sua família como Maria Teresinha Gomes, disse que um dia vestiu o uniforme para brincar e percebeu que "todo mundo me respeitava, mas, como mulher, eu era diminuída". As piratas mulheres do início dos anos 1700, Anne Bonny e Mary Read, além da jazzista Billy Tipton, nos anos 1900, descobriram que recebiam mais privilégios vestidas como homens do que como mulheres.

Em contrapartida, até a Segunda Guerra Mundial, a maioria das mulheres que usavam calça o fazia apenas pelos motivos aceitáveis de praticidade – trabalhar nos ranchos ou fábricas, ou para se aventurar como a aviadora Amelia Earhart. Mas isso foi uma tendência que a guerra tornou muito mais comum, a ponto de, ao longo da década de 1940, tornar-se moda as mulheres vestirem calças, mais uma vez auxiliadas pelo endosso conseguido por estrelas de Hollywood, como Katharine Hepburn (cujos personagens sempre exploravam sua suposta masculinidade). As calças eram usadas para os esportes e o lazer. Mas para a maioria das pessoas o terninho continuou sendo uma proposta fora das regras – coisa de teatro e interpretação andrógina. Foi uma percepção que duraria, como mostrou Julie Andrews em *Vítor ou Vitória?* (Blake Edwards, 1982), Annie Lennox do Eurythmics e Madonna, no período "Vogue".

Página ao lado: O casal de cantores Serge Gainsbourg e Jane Birkin usa terninhos Cerruti iguais em seu apartamento de Paris, em 1969.
À esquerda: Terninho com paletó curto em xadrez príncipe de Gales, de Yves Saint Laurent, para a coleção verão 1997.

Qual tipo de terno seria aceito pela sociedade e pela moda? Acabou sendo uma versão muito mais delicada e mais feminina, popularizada por André Courrèges e Yves Saint Laurent em meados da década de 1960. Mais notável foi o Le Smoking, de Yves Saint Laurent, de 1966, um terno de veludo e lã reinterpretado para o físico feminino, que ajudou a revolucionar atitudes em relação às mulheres de calça e escandalizou a sociedade no processo. Quando a cantora Françoise Hardy o usou no Paris Opera, "as pessoas gritaram e comemoraram", ela relembrou. A socialite nova-iorquina Nan Kempner não pôde entrar no restaurante requintado La Côte Basque, em 1968, usando um terno, por isso tirou a calça e manteve apenas o paletó como um minivestido improvisado (e conseguiu entrar). "Para uma mulher, Le Smoking é uma peça indispensável com a qual ela se vê sempre na moda, porque ele tem a ver com estilo, não moda. As tendências vêm e vão, mas o estilo fica para sempre", como declarou Yves Saint Laurent em 2005.

Nos anos 1970, o terno feminino foi objeto de criação dos estilistas norte-americanos Ralph Lauren, Bill Blass e Calvin Klein. Os tecidos podiam ser de tradição masculina – flanela e tweed –, mas o corte era mais certo no corpo, mais largo na perna e menos másculo, de modo geral. No fim da década, e em grande parte devido ao guarda-roupa de Diane Keaton no filme de Woody Allen *Noivo neurótico, noiva nervosa* (1977), o fato de as mulheres usarem o que poucas décadas antes havia sido considerado roupa masculina era, então, o mais comum. Com os anos 1980 e o *power dressing**, o terninho complementou a escalada das mulheres no mundo corporativo, simbolizando a ideia de competir de igual para igual com os homens de negócios no ambiente de trabalho.

* Estilo de se vestir em alta na década de 1980, por meio do qual as mulheres procuravam demonstrar sua força no mercado de trabalho.

Abaixo, à esquerda: Jane Birkin de terno em 1982. Abaixo, à direita: A atriz alemã Marlene Dietrich durante os anos 1920 – seus papéis permitiam que ela desafiasse convenções relacionadas a roupas com base em gêneros. Página ao lado: Bianca Jagger de terninho branco de abotoamento duplo em Londres, 1979.

CALÇA HARÉM

Embora a moda tenha sido forjada, durante os séculos XIX e XX, sobretudo no Ocidente, ela foi inspirada no fascínio pelas roupas tradicionais do Oriente. O caftã (p. 64) ou o casaco casulo, por exemplo, surgem da curiosidade pelo Oriente, e a mesma coisa pode ser dita a respeito da calça harém [calça Aladim], como ela passou a ser conhecida, talvez de modo pejorativo. Na verdade, o modelo volumoso de gancho baixo da calça unissex, justa na perna da panturrilha para baixo ou no tornozelo, tem origem na Ásia de cerca de 200 anos atrás, onde, dependendo da região, eles usavam uma variação do nome *shalvaar*, palavra persa que significa "calça" (os persas afirmam ter inventado a peça em sua forma básica).

Depois, as mulheres podem ter usado o modelo como meio de proteger sua sexualidade em uma sociedade patriarcal; a simples falta de forma da calça harém disfarçava o corpo feminino. Hoje em dia, a peça ainda é usada por todo o Oriente Médio, porém mais como uma forma tradicional de roupa casual, apesar de ser associada com o rapper MC Hammer, cujo vídeo de 1990 de "U can't touch this" pode ser creditado como responsável por ter reapresentado o modelo similar ao da calça paraquedas ao Ocidente e dar a ele uma breve notoriedade pop.

A transição da calça harém do Oriente para o Ocidente é atribuída a Amelia Jenks Bloomer, uma norte-americana do século XIX que foi a primeira a sugerir, em uma publicação feminina chamada *The Lily*, que as mulheres deveriam abrir mão de suas anáguas pelas vantagens de uma peça com duas pernas – por sua facilidade e conforto – usada pelas mulheres turcas. A "calça turca" logo assumiu o nome de sua defensora – bloomers – e passou a ser símbolo da emancipação feminina (talvez com certa ironia, devido ao papel original que teve). Por ser, de modo geral, considerada um passo radical demais ante ao que se considerava adequado para a vestimenta feminina, a calça só caiu no gosto das pessoas depois da morte de Bloomer, em 1895, e em grande parte devido à popularidade de um novo passatempo: andar de bicicleta.

Mesmo quando o modista francês Paul Poiret tentou, pela primeira vez em 1909, dar à bloomers, ou calça harém, um toque de moda, a peça não despertou grande interesse além do que já despertava por sua praticidade para a prática de exercícios. E isso aconteceu a despeito do fato de ele ter desenhado um modelo mais parecido com uma saia do que com uma calça. Poiret chegou a fazer uma festa à fantasia "Mil e Duas Noites", numa versão ocidental, abusando do fascínio contemporâneo pelo orientalismo na França, em parte graças a uma nova tradução bem-sucedida de *As mil e uma noites*. O fato de as mulheres usarem qualquer tipo de calça costumava ser visto como uma afronta à ordem social, por isso a bloomers só se tornou uma peça comum do dia a dia como roupa íntima.

Só em meados dos anos 1960 e começo dos anos 1970 – com a maior exploração das culturas exóticas no Ocidente – a calça harém se tornou um modelo consolidado, mais uma vez como parte de uma apropriação mais ampla da vestimenta oriental, que incluía turbantes e túnicas. Issey Miyake e Saint Laurent estavam entre os estilistas pioneiros, principalmente o segundo, quando combinou a peça com saltos em uma nova opção de roupa para a noite. Ralph Lauren revisitou o modelo em 2009.

À esquerda: Ilustração de moda dos anos 1920 de calça harém de crepe de cetim preto e blusa de crepe da China, de Edward Molyneux. Página ao lado: Calça harém em editorial de Patrick Demarchelier para a *Vogue*, 2009.

CALÇA CÁPRI

A calça cápri pode ter sido uma inspiração pouco provável de uma estilista cujo primeiro estúdio e loja, a Salon Sonja, foi aberto nas cercanias sombrias de Munique em 1945, logo depois da Segunda Guerra Mundial. Mas foi lá que a estilista prussiana Sonja de Lennart criou as duas peças-chave do que chamaria de coleção Capri – que recebeu esse nome devido ao seu destino preferido de férias –, uma saia ampla com cinto largo coordenado e uma blusa com mangas três-quartos. Três anos depois, quando as mulheres, ou pelo menos as mulheres que usavam calças, ainda exibiam modelos de pernas retas e amplas, ela aumentou a coleção com uma calça de corte seco e curta, logo abaixo do tornozelo (ou mais curta na versão verão), com uma pequena fenda na costura. É claro que ela deu à peça o nome de calça cápri.

"Fazia calor", Sonja disse certa vez ao jornal *Bild* para explicar a ideia. "Eu estava com meus pais em Capri, cortei minha calça comprida e andei pela água. Foi incrível. Percebi que aquela calça serviria para qualquer ocasião."

Elas pareciam muito modernas – enxutas, elegantes e ajustadas – em uma época em que as pessoas queriam olhar para a frente. A atriz alemã Mady Rahl adotou a peça, o que ajudou a criar uma demanda local, mas foi em Hollywood, onde mais moças influentes usaram a calça cápri, que ela se tornou uma marca registrada dos anos 1950. Foi nessa época que Sonja combinou seus desenhos para mostrar a calça sob uma saia cápri com botões na frente. Audrey Hepburn, sob direção da figurinista Edith Head, apareceu com a saia cápri, o cinto e a blusa de Lennart no filme *A princesa e o plebeu* (William Wyler, 1953); também usou a calça, combinando com salto-gatinho (p. 176), refeita por Hubert de Givenchy pelo padrão Sonja de Lennart, tanto em *Sabrina* (Billy Wilder, 1954) quanto em *Cinderela em Paris* (Stanley Donen, 1957), tornando-a um componente-chave de seu estilo.

Seguindo Hepburn, outras estrelas também aderiram ao modelo, o que já era de se esperar, uma vez que Capri havia se tornado um destino de férias para os ricos e famosos. O modelo parecia diminuir a distância entre aquelas cuja imagem era sedutora – Jane Russell, Ava Gardner, Sophia Loren, Brigitte Bardot, Marilyn Monroe e Elizabeth Taylor – e aquelas cuja imagem era mais família e cômica – Doris Day e Mary Tyler Moore. Assim, em seu papel como Laura Petrie na série de televisão norte-americana famosa do início dos anos 1960, *The Dick Van Dyke Show*, Moore frequentemente vestia calça cápri justa, o que causava controvérsia. A maioria das donas de casa da época usava vestidos, pelo menos na televisão. Moore dizia que a maioria das donas de casa que ela conhecia usava calça e insistia que ela própria também.

Outros estilistas logo produziram suas versões, até a metade da panturrilha, por exemplo, ou com punho logo abaixo do joelho, como as chamadas calças pirata ou calça pescador, ou até mais compridas, como as cigarretes. As clientes tinham passado a valorizar a versatilidade do modelo e ficavam bem tanto com salto alto quanto com sapatilhas.

Acima: A atriz sueca Anita Ekberg – de *A doce vida* – com calça cápri creme para uma sessão de fotos em Hollywood durante os anos 1960.
À esquerda: Visitante da London Fashion Week, com calça cápri floral, em 2012.

Cartaz de *Cinderela em Paris* (1957), com Audrey Hepburn como a atendente de livraria que se torna modelo – a calça cápri preta era sinônimo de intelectual chique parisiense.

CALÇA--PIJAMA

Havia certa decadência na adoção da roupa íntima como traje para sair nos anos 1980 e 1990. Mas a moda já havia feito isso, com a roupa de dormir virando roupa para o dia. A calça palazzo de Coco Chanel feita nos anos 1930 era parecida com a calça de pijama. E a calça larga que Katharine Hepburn vestiria na década seguinte – sedutoramente chamada de *lounge pants* [calça de descanso] – também devia um pouco ao pijama. De fato, calça-pijama foi outro termo comumente usado para descrever calças de pernas amplas, independentemente de serem lisas e sedosas ou estampadas com imagens quase psicodélicas (apesar de, mais tarde, o termo ter sido aplicado a calças mais ajustadas, em geral brilhosas e estampadas, às vezes combinando com a camisa).

As calças largas tinham um apelo óbvio para as mulheres – elegantes, afinavam a cintura e, como os homens tinham descoberto muito antes, eram confortáveis. Embora o pijama original – que pode ter como origem o *payjama* persa, que significa "roupa para a perna" em hindustâni – não tenha sido considerado uma peça para dormir, os britânicos da Índia do século XVII o usavam quando estavam em casa. Foi depois, durante a colonização britânica na Índia do século XIX, que o pijama passou a ser moda entre os homens do Ocidente como peça para ser usada na cama, às vezes combinando com uma blusa. Embora o pijama seja usado com pés descalços, os alfaiates às vezes os faziam para seus clientes com um tipo de meia do mesmo tecido costurada à peça. No período pós-guerra do século XX, o pijama havia se tornado uma roupa para ser usada à noite também pelas mulheres, como mostraram Lucille Ball na série de televisão norte-americana *I Love Lucy* e as Pink Ladies em *Grease, nos tempos da brilhantina* (Randal Kleiser, 1978, mas ambientado nos anos 1950), que gostavam de se reunir para festas do pijama.

Mas o conforto do pijama era atraente demais para ser reservado apenas para a hora de dormir, e, conforme as pessoas começaram a usá-lo antes de dormir, a calça de pijama passou a ser um modelo à parte. Apesar de modistas pioneiros, como Paul Poiret e Edward Molyneux, terem sido, no início do século, os primeiros a incrementar a calça de pijama com tecidos e debruns mais chiques para introduzi-la como adequada para ser usada à noite, fora de casa, apenas as mulheres de ambientes mais liberais puderam usá-la. Mais tarde, estilistas como Yves Saint Laurent, Halston e Céline, que apreciavam o glamour sedoso do modelo, pegaram a ideia e deram a ela maior apelo. E então, nos anos 2010, estilistas como Diane von Fürstenberg, Louis Vuitton, Ferragamo e Tommy Hilfiger reviveram o pijama mais uma vez como roupa para ser usada tanto de dia quanto de noite – mas desta vez passou a ser usado com as partes de cima e de baixo combinando, e a calça ficou mais parecida com a cigarrete sedosa e estampada do que com as versões mais largas anteriores. A estilista Stella McCartney talvez tenha levado o modelo à sua conclusão lógica: o terninho pijama.

Acima: Uma calça de pijama da coleção Signature, de Halston, de 2002. À esquerda: O modelo gráfico forte de Pucci recebe uma tela ampla com a blusa de manga morcego e a calça-pijama nos anos 1960. Página ao lado: Pijama com cordão de ajuste de Giorgio Armani para a coleção Resort, de 2008.

5.

TOPS

camiseta bretão / blusa / twinset / top cropped / camiseta / top faixa

CAMISETA BRETÃO

Jean Seberg vestiu uma em *Acossado* (Jean-Luc Godard, 1960), Jeanne Moreau a transformou em peça básica, e Brigitte Bardot definiu um estilo próprio ao usar a sua com jeans curto e sapatilhas. Mas não foram apenas as atrizes francesas que aderiram a uma peça típica da França como a camiseta bretão. Kim Novak estava sempre com uma, assim como Natalie Wood, Edie Sedgwick, Audrey Hepburn – principalmente em *Cinderela em Paris* (Stanley Donen, 1957) –, Marilyn Monroe e Jacqueline Kennedy Onassis.

O design da *marinière*, como os franceses a chamam, foi certificado por uma lei de 27 de março de 1858, que a transformou em peça do uniforme oficial da marinha francesa. Uma variação do *matelot* – gíria pela qual a peça também ficou conhecida devido às categorias de marinheiros franceses – já tinha sido usada bem antes pelos pescadores da Bretanha. De acordo com o Musée National de la Marine, na França, o *matelot* era caracterizado por cerca de 22 listras azuis e brancas alternadas, uma para cada vitória de Napoleão.

A inspiração ocorreu a Gabrielle "Coco" Chanel em 1913, quando ela estava de férias em Deauville, balneário francês considerado muito requintado na época. Ela viu as camisetas listradas simples dos moradores locais, normalmente nas cores branco e azul-marinho, com gola canoa e mangas curtas, na maioria das vezes usadas pelos marinheiros da região. Sua versão surgiu em 1917, como parte de uma grande coleção com tema náutico. Ao manter a filosofia de reinventar no design o conforto e a praticidade das roupas masculinas para mulheres recém-emancipadas, Chanel usou o visual da bretão e a tornou moderna para as classes mais altas que seguiam a moda nas primeiras décadas do século XX. Suas raízes náuticas brincavam com a ideia de uma roupa voltada para as férias à beira-mar, na Riviera, e Chanel quis que ela fosse usada com calças de pernas amplas. No fim dos anos 1930, a camiseta bretão para mulheres já tinha status de alta-costura.

Página ao lado: Brigitte Bardot com a peça francesa no Festival de Cinema de Cannes, 1956. Abaixo, à esquerda: A atriz norte-americana Kim Novak também usou a peça no Festival de Cinema de Cannes, em 1956. Abaixo, à direita: Alexa Chung combina a camiseta bretão com jaqueta aviador.

Ao longo do século XX, o *look* gaulês da bretão foi destacado por ter sido adotado por luminares da cultura da França, desde Françoise Sagan a Jean-Paul Sartre, a ponto de se tornar um símbolo reconhecido internacionalmente do estilo (talvez um clichê) francês. Quando a estilista Edith Head planejou a roupa do personagem de Cary Grant, um líder da Resistência francesa que se tornou marginal no filme *Ladrão de casaca* (Alfred Hitchcock, 1955), ela escolheu para ele uma bretão.

Sem dúvida, auxiliada por versões modernas feitas por marcas como Balmain e Gucci, a *marinière* tornou-se uma peça unissex. Poucas peças do guarda-roupa masculino, exceto as de origem militar, se tornaram um clássico tão bem-sucedido do guarda-roupa feminino, com um simples toque sexy, deixando o ombro à mostra. Ela se tornaria "tão clássica quanto o pretinho básico", como disse Saint James, fabricante da bretão desde 1889.

Abaixo: Modelos exibem moda praia inspirada na bretão, Flórida, em 1950. Página ao lado: A bretão aparece nesta foto de Terence Donovan com Karen Mulder para a *Vogue*, em 1991.

BLUSA

Do poeta ao camponês, do laçarote ao folk, passando à moda eduardiana, a blusa tem sido uma peça constante do guarda-roupa feminino desde os anos 1890. Antes disso o espartilho e o vestido longo dominaram por alguns séculos. A blusa foi resultado da presença da mulher como força de trabalho; usada com uma saia lisa, ela oferecia o equilíbrio certo entre formalidade e conforto para a nova classe de trabalhadoras. Sua onipresença se deu tão rapidamente que ela conquistou um espaço na moda – ou cheia de bordados que antes serviam para cobrir a roupa de baixo, ou ajustada e com pregas para destacar a forma feminina.

A ideia que o ilustrador americano Charles Gibson tinha da mulher moderna, a "Gibson Girl", que mantinha os cabelos presos no topo da cabeça e vestia uma blusa branca, lisa, com botões na frente e cintura marcada, tornou-se um novo padrão de vestimenta para a mulher moderna. Apesar de a blusa exibir detalhes característicos do período eduardiano, gola alta, barra com renda e mangas bufantes, era bem minimalista em comparação ao que existia antes. Ela era ideal para mulheres cada vez mais emancipadas, profissionais e ativas, sobretudo aquelas que adotavam novos modismos como andar de bicicleta. Mas continuou sempre abotoada até o alto.

Quando entrou em voga por um breve período, a blusa com gola V ou pala semitransparente na parte da frente ou de trás foi censurada, considerada indecorosa e uma ameaça à saúde de quem a vestisse, sendo até chamada de "blusa pneumonia". Uma organização em Massachusetts, a Purity Brigade, decidiu que o estilo era "indecente"e pediu à comunidade para não incentivar essas roupas com "efeitos abertos". Como o *The Evening Post* publicou em 1906: "Por mais estranho que seja, esse movimento, que foi ridicularizado a princípio, continuou por um ano... [Mas tamanha é a influência da blusa que] dizem que 'ao olhar de um arranha-céu hoje, você pode ver quilômetros e quilômetros de blusas brancas em movimento'".

Página ao lado: A diretora de cinema Sofia Coppola veste blusa com gola Peter Pan, em 2013. Abaixo, à esquerda: Ilustração de moda feita por De Losques para o periódico francês *Les Modes* mostrando a típica moda eduardiana de blusa de renda, paletó e chapéu. Abaixo, à direita: Modelo exibe blusa com um enorme laço, em 1969.

Gary Cooper e Audrey Hepburn em Paris durante as filmagens de *Um amor na tarde*, 1957.

Ao longo das décadas seguintes, a blusa se tornou mais enxuta, ajustada e, como a Purity Brigade pode ter percebido, reveladora. A gola, a manga e o comprimento aumentaram e diminuíram de acordo com a moda, mas a popularidade se manteve. Usada com calças, às vezes de mangas curtas e geralmente mais parecida com uma camisa, a blusa se tornou uma peça básica dos anos 1940 e início dos anos 1950, adotada por Katharine Hepburn. Mas nos anos 1970 o *look* eduardiano pioneiro voltou, mantendo o romantismo nostálgico que serviu de base para criações como as de Laura Ashley. Com colar de pérola, blazer azul-marinho e jaqueta encerada, ela se tornaria parte essencial do visual conservador da classe média-alta inglesa, chamado *sloane ranger* pelo crítico cultural Peter York. Vieram versões de marcas, desde Chanel e Valentino, desconstruindo ou incrementando o decoro.

Foi nessa mesma época que a blusa se revalorizou, em grande parte pelo mesmo motivo que a tornou popular na primeira vez: transformou-se num símbolo do esforço das executivas pioneiras, e algumas delas (nos Estados Unidos, pelo menos) usavam camisas de botões com laços tipo gravata, imitando o traje de trabalho dos homens. "Não havia muitas mulheres servindo de exemplo, então elas encontravam homens cuja maneira de se portar admiravam", como disse, certa vez, a CEO da Hewlett Packard, Meg Whitman. "Então, usamos uma interpretação da camisa e da gravata masculinas. Vejo fotos daquela época hoje em dia e penso: 'Onde estávamos com a cabeça?'. Mas era nossa tentativa de ser feminina e também de nos encaixarmos num mundo masculino."

Com o tempo, a área do pescoço ganharia uma forma mais feminina com a gola Peter Pan, abotoamento mais baixo e o *revival* do laço pendente, um estilo adotado pela primeira mulher a ser primeira-ministra na Inglaterra, Margaret Thatcher. Não se sabe ao certo a origem do termo *pussycat bow* (tipo de laçarote), mas um guia de moldes de Anne Adams, de 1934, inclui "um laçarote incrivelmente feminino feito embaixo do queixo". Existe uma teoria de que, como o laçarote foi feito para ser uma versão mais delicada da gravata tradicional masculina, a referência foi um eufemismo ao órgão genital feminino.

Acima: A cantora norte-americana Diana Ross com blusa amarrada na frente, em 1957. Abaixo: Modelo com blusa de algodão e poliéster amarrada acima da cintura, da Gregory, anos 1970.

TWINSET

A combinação simples de um suéter sem mangas e justo com um cardigã elegante, curto e de gola redonda no mesmo tecido foi atribuída, primeiramente, ao estilista austríaco Otto Weisz, que criou o conjunto para a empresa de roupas de tricô Pringle of Scotland, em 1934. O twinset foi uma ideia inteligente, não apenas sob o aspecto comercial – pois exigia a compra de duas peças de lã para se obter o resultado –, mas também pela praticidade – duas camadas eram muito procuradas em uma época em que não havia sistema de aquecimento central, ainda mais se essas duas peças pudessem dar um ar de formalidade às roupas das jovens que entravam no mundo novo do trabalho nos escritórios.

Em pouco tempo o twinset ganhou fama de uniforme da secretária, da universitária norte-americana e das recatadas, mesmo quando, no fim dos anos 1940 e nos anos 1950, Marilyn Monroe e Grace Kelly, conhecida por seu recato, eram sempre vistas vestidas com o conjunto, mas em caxemira. O twinset logo se associou ao conservadorismo, e a frase *twinset and pearls* (twinset e pérolas) foi um termo levemente condenatório usado para descrever o *look* habitual das abastadas, estudiosas, recatadas e antiquadas. O estilo tem sido um dos preferidos da rainha Elizabeth II ao longo de sua vida.

Abaixo: O toque do twinset prova a diferença entre o sabão em pó Persil e o da marca concorrente, em um anúncio de 1954.
Mais abaixo: A rainha Elizabeth II no Windsor Horse Show, em 1982.

Mas o twinset sempre competiu com aquele que é visto e, em alguns casos, comercializado como seu parente mais sexy, o suéter, que traz uma ideia de leve despir – alcançada simplesmente com a retirada do cardigã. O suéter era usado mais justo e com cintura marcada para enfatizar os seios. A peça de lã mais ajustada foi adotada por estrelas de Hollywood, como Jane Russell, Jayne Mansfield, Sophia Loren e Lana Turner. Graças a seu papel no filme de 1937, de nome muito apropriado, *Eles não se esquecerão*, de Mervyn LeRoy, Turner conquistou para elas a denominação *sweater girls* [garota de suéter], com todo o charme que o termo sugere. Fabricantes de roupas íntimas, Berlei, Triumph e Maidenform se apressaram para oferecer os sutiãs em forma cônica, *bullet*, para enfatizar esse visual "explosivo", e as adolescentes dos Estados Unidos pegavam o cardigã do twinset da mãe e o usavam com a parte da frente para trás, abotoado nas costas.

O estilo *sweater girl* contrastava muito com o de Audrey Hepburn no filme *Cinderela em Paris* (Stanley Donen, 1957), por exemplo, cuja blusa menos justa de gola polo preta sugeria mais um jeito *beatnik chic* do que uma sensualidade atrevida, remetendo ao estilo subversivo pioneiro de Marlene Dietrich, de gola polo mais masculina e terno. De modo semelhante, o suéter essencial dos anos 1960, o de gola polo canelada, impulsionado pelos estilistas Foale & Tuffin e Mary Quant, sugeria um *look* mais enxuto, unissex e moderno do que um estilo sedutor.

O twinset tem vários comprimentos e estilos de manga – integrada ou raglã, curta ou comprida tanto para o cardigã quanto para o suéter. É popular entre aqueles que procuram um estilo retrô, em especial desde o enorme sucesso da série dramática da TV *Mad Men*.

Twinset da Wolsey nos anos 1930.

I♥NY

TOP CROPPED

Devido à histórica prescrição religiosa para que as mulheres indianas se vistam com recato e respeito, é curioso descobrir que o top cropped moderno, que às vezes deixa a barriga à mostra de forma escandalosa, possa ter sua origem no subcontinente indiano, séculos atrás. O estilo pode ter surgido do *choli*, o corpete justo de mangas curtas usado por baixo dos sáris. Mas esse não foi o único precursor do modelo: as dançarinas do ventre do Oriente Médio também usavam o *bedleh*, uma versão repleta de miçangas que ajudam a acentuar o movimento. É daí que vem a ideia romântica moderna de princesas e gênios com blusa curta, como nas histórias do século XVIII de Sinbad, o Marinheiro, e que inspirou a fantasia de Barbara Eden na série de sucesso dos anos 1960, *Jeannie é um gênio* (sobre uma dona de casa-gênio).

Esse programa fez ascender o top cropped como item do vestuário cotidiano. Mas não foi a primeira vez. Peças que expunham a barriga – de modo muito ousado para a época – existem desde os anos 1920 como parte das roupas de banho feitas por Jean Patou ou nas fendas em vestidos de Madeleine Vionnet. Mas foi apenas na menos conservadora década de 1940, e com o advento da *leisurewear* [roupa de lazer] como categoria de vestimenta, que os tops curtos [cropped tops] se difundiram. Uma cultura praiana em crescimento e o surgimento do resort de férias nas praias da Califórnia fizeram as empresas regionais produzirem as roupas chamadas de lazer com estampas fortes que combinavam um top cropped com shorts provocantemente curtos e de cintura alta. Foi a popularidade das roupas de cintura alta – shorts, mas sobretudo saias e calças – que permitiu que tops cropped de todos os tipos fossem usados de um modo mais chique e mais aceitável do ponto de vista social. Estilistas como Tina Leser e Claire McCardell ajudaram a popularizar esses estilos.

Página ao lado: A popstar norte-americana Miley Cyrus em Nova York, em 2013. Abaixo, à esquerda: Mulher com roupas turcas tradicionais de dança do ventre, fumando um cigarro, nos anos 1920. Abaixo, à direita: A atriz norte-americana e nadadora olímpica Esther Williams com top curto de renda, em 1945.

O conceito moderno do top cropped, muito menos reservado – bem curto e usado com a peça de baixo de cintura baixa –, surgiu nos anos 1960 no movimento hippie (a barriga, talvez, fosse a alternativa feminina ao peito masculino, uma parte do corpo em que se podia escrever uma mensagem de amor ou de protesto). Ganhou uma variação na forma de conjuntos de pijama étnicos e *loungewear* largo, também popular nessa época, sobretudo em peças de John Bates, um dos principais estilistas londrinos nos anos 1960, que considerava o modelo a combinação perfeita para minissaias e botas de cano alto. No final anos 1960, a erotização da barriga chegou ao fim, após ampla exposição, abrindo caminho para a moda do piercing no umbigo, duas ou mais décadas depois.

Persistente desde os anos 1960, o cropped saiu e voltou à moda, em grande parte com a aprovação de celebridades. Em sintonia com o novo interesse pela ginástica aeróbica e as atividades em academias nos anos 1980, Madonna usou um top cropped preto de malha no clipe da música "Lucky star" (1983), e ele se tornou peça importante de sua estética de leggings e renda pelos dois anos seguintes. Britney Spears também ressuscitou o *look* no vídeo da música "Hit me baby one more time" (1998), e Gwen Stefani também adotou a peça.

O top cropped cortado e mais largo foi muito popular ao longo dos anos 1980, e os anos 1990 marcaram a chegada da versão tipo bustiê, ao estilo lingerie, que revelava a barriga e em geral era usada sob um blazer. Mais tarde, na mesma década, a baby look ganhou destaque, muitas vezes com logotipos de marcas ou bandas. As variedades não acabam, desde a versão com gola rulê até a regatinha, passando pelo top de ginástica e pelo bustiê sem alças.

Abaixo: A cantora pop Britney Spears, com uma camiseta cropped em 2003. Página ao lado: Ícone pop, Madonna, com camiseta cropped para uma apresentação de "Like a virgin", em Hollywood, em 2003.

CAMISETA

A tela em branco que a camiseta oferece faz dela um meio nada sutil de propaganda, seja dos serviços de uma empresa, seja de um posicionamento político. Quando a estilista inglesa Katharine Hamnett encontrou Margaret Thatcher, em 1984, usou a peça com o segundo propósito. A camiseta larga e branca de Hamnett orgulhosamente proclamava: "58% não querem mísseis", uma referência aos planos propostos de abrigar armas nucleares norte-americanas no Reino Unido. Outras frases que Hamnett estampou nas camisetas foram: "Educação, não mísseis", "Veto mundial ao uso de armas nucleares agora", "Use camisinha" ou ainda "Eu amo energia solar".

Acima: A cantora norte-americana Chrissie Hynde com uma camiseta *tye-dye* em 1986. Abaixo: Camiseta transparente, com a frase "Sancione a China", da coleção de verão de 1987 da estilista Katharine Hamnett.

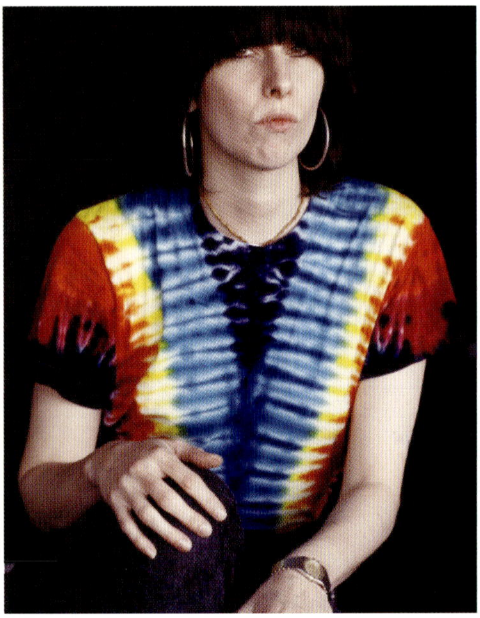

As camisetas têm sido usadas para fins promocionais desde que uma foi feita para anunciar o lançamento de *O mágico de Oz*, em 1939. São utilizadas para a expressão de opiniões (o "I ♥ NY", muito imitado, do designer gráfico Milton Glaser, de 1977), piadas ("Minha mãe foi a Vegas e só me trouxe esta camiseta sem graça"), logotipos de marcas (sobretudo após o auge da moda de exibir grifes nos anos 1980) e campanhas (como na do "Alvo" da indústria da moda para conscientização sobre o câncer de mama). Hamnett aprovaria isso. Mas ela não gostava de estilistas que "imprimem uma mensagem sem sentido", como disse. "A camiseta apresenta a chance de colocar uma mensagem no peito que pode ser lida a dez metros e que dá voz a assuntos que podem ser tabu."

Mas esse uso não condiz com a origem da peça, que era uma roupa do exército. A camiseta "tipo-T" (que recebeu esse nome devido ao corte) foi feita para ser usada por baixo do uniforme dos oficiais da Marinha dos Estados Unidos por volta de 1913 e era confeccionada com lã. Na mesma época, o exército britânico deu a seus soldados uma peça de algodão de mangas longas para ser usada em climas tropicais. Durante a Segunda Guerra Mundial, os dois aliados se encontraram, e uma peça híbrida, de mangas curtas de algodão, foi criada. Apesar de ser usada pelos esportistas nos Estados Unidos durante os anos 1930 ("Pode ser usada por baixo ou por cima" era o slogan da Sears para vendê-la em 1938), apenas quando imagens dos soldados norte-americanos lutando nas regiões do Pacífico foram vistas nos Estados Unidos tornou-se aceitável, aos poucos, usar a camiseta como uma peça externa, sozinha. Depois da guerra, peças excedentes e uma nova cultura jovem tornaram a camiseta um item básico do dia a dia.

Mas isso não quer dizer que a camiseta tenha perdido sua rebeldia: apesar de ser vista como uma peça para homens, as mulheres a adotaram durante os anos 1960 graças ao rock e à coragem. No início dos anos 1960, com a evolução da serigrafia e a disponibilidade de peças lisas e baratas, as primeiras camisetas de bandas e de shows apareceram. O desenho do prisma de Storm Thorgerson, para o Pink Floyd, a arte de capa de Stanley Mouse para o Grateful Dead e o logo da "lambida" de John Pasche para os Rolling Stones foram todos estampados em camisetas. A versão desgastada (ou "podrinha", termo dos anos 2000) tornou-se parte do *look* da garota que curte rock. E em 1967 o designer gráfico Warren Dayton foi um dos primeiros a usar a Pop Art e a política nas camisetas, criando imagens ousadas de coisas como a Estátua da Liberdade, tirinhas de quadrinhos, o símbolo da revista *Life* e pulmões poluídos – todas usadas por mulheres e homens da contracultura da década.

O empresário Don Lick selou o futuro da camiseta como peça unissex no fim dos anos 1960 por meio da ideia de ganhar dinheiro com camiseta *tie-dye*, que se tornou símbolo do pensamento hippie na época do Festival de Woodstock, em 1969. Isso abriu a porta para tratamentos cada vez mais ousados, não apenas nos slogans, mas também na cor, no corte e na textura.

A modelo Bebe Buell posa com uma camiseta da revista *Creem*, em 1980.

TOP FAIXA

O top faixa surgiu por um erro de produção em uma fábrica de roupas que resultou em um lote de tubos de tecido elástico com estampa indiana. Alguns deles foram para o número 50 da West 17th Street e para a S&M Fringing, de Murray Kleid, a maior loja de acessórios femininos de Nova York. Ali eles permaneceram em grande parte ignorados, até Elie Tahari, estilista israelense recém-imigrado nos Estados Unidos, ver as peças – e seu potencial – no começo dos anos 1970. Ele as comprou por US$ 2,00 e as vendeu pelo dobro. Logo depois, ele passou a receber pedidos de milhares de peças e começou a produzi-las, em 1973, acabando por construir um negócio de US$ 500 milhões por ano.

"Foi um acontecimento no East Village: 'Não estou usando sutiã! Sou uma garota hippie moderna!'", foi assim que Tahari definiu o apelo do top faixa e ainda disse que ele era "totalmente discoteca". Quando coberto por lantejoulas e usado com saltos e jeans justo, o top era a peça perfeita para o agito no lendário clube Studio 54, em Nova York, onde as pessoas praticavam os passos vistos em *Os embalos de sábado à noite*.

Nos anos 1980, o top faixa se tornou difundido o bastante para ser considerado respeitável como roupa de trabalho, mas por baixo de um blazer. Mas foi o filme *Os últimos embalos da disco* (Whit Stillman, 1998) que induziu a um grande *revival* da moda para o estilo brilhante no fim dos anos 1990 e início dos anos 2000, logo adotado por Britney Spears, que por sua vez influenciou a moda *teen*, e pela personagem fashionista Carrie Bradshaw (interpretada por Sarah Jessica Parker) na série norte-americana *Sex and the City*. Em 2012, a peça voltou numa versão nova e mais estilosa, graças a Prada e Versace.

O top faixa pode ter tido um precursor sem elástico no início dos anos 1950, que a então editora da *Vogue*, Diana Vreeland, chamou de roupa de praia, mas um modelo parecido foi identificado bem antes, na Grécia do século IV, quando as mulheres o usavam para nadar. Graças ao elastano, ele retornou nos anos 1970: simples e confortável, mas justo, apertado e revelador. Por não ter alças, às vezes era revelador demais: o top faixa conquistou certa má fama graças ao *game show* norte-americano *The price is right*, no qual os participantes eram selecionados da plateia. Ao ser chamada durante uma gravação, em 1979, uma mulher pulou de alegria, e seu top desceu. "She came on down" [caiu], disse o apresentador Bob Barker (uma referência ao bordão do programa, "Come on down!" [Desça]) e também "And they came on out" [e eles apareceram]. Não é à toa que no Reino Unido o top tenha ficado conhecido como *boob tube* [tubo dos seios].

O top faixa passou a ser a base para muitas outras peças, desde as batas e os vestidos tomara que caia até a saia tubinho, se aplicarmos o mesmo conceito para a parte inferior do corpo. Seu desenvolvimento foi auxiliado por uma variedade cada vez mais sofisticada de tecidos – elastano, náilon com stretch, Lycra – que permitiam que a peça colasse ao corpo, ficasse bem posicionada (alguns fabricantes chegavam até a aplicar uma faixa adesiva interna para ajudar) e mantivesse a forma.

Acima: Modelo na passarela de Paris no desfile de primavera 2014 da Maison IRFE. À esquerda: A atriz norte-americana Sarah-Jessica Parker veste um top para uma cena do seriado de sucesso da TV americana *Sex and the City*. Página ao lado: Foto promocional da cantora e atriz norte-americana Cher para o programa *The Sonny and Cher comedy hour*, 1972.

6.

ROUPA ÍNTIMA

meia-calça / sutiã / combinação / espartilho

MEIA--CALÇA

A meia pode ser sensual, mas o conforto e a praticidade estão é na meia-calça, mais discreta. Talvez não seja coincidência que a *pantyhose* [como ela é conhecida nos Estados Unidos] tenha se tornado popular nos anos 1960, época de liberação feminina e de moda mais reveladora. Quando Mary Quant lançou a minissaia, nos anos 1960, ela já vendia a meia-calça. A peça até conseguiu ter certo apelo sensual, em grande parte devido a Brigitte Bardot, que chegou a ser fotografada vestida apenas com uma meia-calça.

O item agora comum – tecido à máquina com fios de tecnologia avançada – não era simples no começo. Em inglês, *pantyhose* é a junção de duas palavras, *panties* [calcinha] e *hose* [pernas], uma roupa íntima que conjugava as duas peças, unidas por costuras. Assim cobria-se a perna toda sem a necessidade de peças extras.

Abaixo: Cartaz do filme *Meias de seda*, de 1927. Página ao lado: A vocalista do Blondie, Debbie Harry, com meias coloridas, 1979.

Não se sabe ao certo quem inventou o modelo, mas, talvez por ironia, devido ao fetiche pelas meias, tenha sido um homem. Allen Grant, da empresa californiana Glen Raven Knitting Mills, criou o que ele chamou de "Panti-Legs" em 1953, apesar de ter demorado mais seis anos para levá-las ao mercado. Enquanto isso, em 1956, Ernest Rice entrou com pedido de patente por seu desenho de "conjunto de calcinha e meias", que se tornou padrão da indústria. A meia-calça não foi um sucesso instantâneo: costurar as peças, unindo-as, e criar a risca das meias da época eram procedimentos caros e demorados, pelo menos até a invenção do tear de malharia circular, que permitiu que modelos mais baratos e sem costura entrassem no mercado em 1958. A sua popularidade cresceu quando se tornou uma peça necessária, após o lançamento da minissaia.

A meia-calça tinha certa sedução, pelo menos em termos linguísticos; nos Estados Unidos, *pantyhose* continuou a ser uma palavra relacionada a peças de tom mais claro, quase transparente. Isso a deixava mais próxima das meias finas, que foram muito populares ao longo dos anos 1940 e 1950, graças à invenção do náilon pelo químico Wallace Carothers, da DuPont, patenteado em 1935 e apresentado ao mundo em 1938. O náilon tornou a *pantyhose* mais barata, acessível e, talvez, mais atraente, marcando o corpo, o que não faziam suas antecessoras de seda. O termo *tights*, em contraste com *pantyhose*, refere-se às opções mais grossas e opacas usadas no inverno.

Essa descrição das *tights* era mais próxima à de *stockings* ou *hose*, como elas foram concebidas originalmente no século XVI, quando eram feitas de lã ou seda coloridas e usadas por baixo de calções apenas por homens (a sociedade europeia não permitia que as roupas femininas revelassem nenhuma parte da perna, uma ideia que perdurou até o início do século XX). Uma "boa perna" era um suposto indício de virilidade masculina: "Lembra-te de quem elogiou tuas meias amarelas... e desejara ver-te com ligas cruzadas", como Malvólio diz em *Noite de reis*, de Shakespeare.

O termo "ligas cruzadas" se refere à moda de decorar as meias com fitas sobrepostas e foi um insight do futuro das meias 400 anos depois. Apenas nos anos 1970 as meias, até então lisas, escuras e onipresentes, foram consideradas um modo de autoexpressão com os avanços na tecnologia têxtil e a invenção da Lycra e do elastano. Naquela década, apareceram as versões coloridas e estampadas, e Dior, por exemplo, ofereceu 101 alternativas.

SUTIÃ

A história do sutiã envolve uma série de experimentos de engenharia. Isso é bem ilustrado por Howard Hughes, magnata do petróleo, inovador excêntrico e cineasta, que acreditou que os seios já incríveis de Jane Russell ainda não eram suficientemente incríveis. Em 1941, nas filmagens de *O proscrito*, Hughes dirigiu usando seu conhecimento sobre design de aviões para criar o primeiro sutiã com suporte, com hastes de aço ligados às alças, resultando em um busto parecido com uma prateleira. Mas a armação era tão desconfortável que Russell teria usado o sutiã com panos para proteger a pele. O resultado foi o mesmo, mas o Código de Conduta de Hollywood fez com que 30 segundos do busto de Russell no filme fossem retirados antes da sua exibição.

Isso é o que dizem, mas pode ser uma lenda urbana ou uma artimanha de publicidade planejada por Hughes; de qualquer forma, isso mostrou o sutiã como uma mistura da moda com a física. Mais tarde, o filme *Procura-se Susan desesperadamente* (Susan Seidelman, 1985) apresentou a ideia do sutiã aparente, desenvolvida depois por Jean Paul Gaultier para a turnê Blonde ambition de Madonna, em 1990. Isso tudo demonstra a que ponto os estilistas de roupa íntima chegam para dar não apenas conforto e sustentação, mas também para levantar, separar e decotar. As feministas afirmam que tais recursos tornam a mulher um objeto, expressando isso de modo enfático ao jogarem sutiãs, sabonete líquido íntimo e cílios falsos, entre outros itens, no que chamaram de "Lata de Lixo da Liberdade" no concurso de Miss América em 1968, em Atlantic City.

Mas a história do sutiã data de muito antes, em 1866, quando os primeiros modelos, produzidos com metal e seda, apareceram no Reino Unido e depois nos Estados Unidos. Em 1889, uma fabricante de espartilhos, a francesa Herminie Cadolle, desenvolveu seu *bien-être* ou "bem-estar", um híbrido de sutiã e espartilho no qual os seios rece-

Página ao lado: A atriz italiana Gina Lollobrigida em 1973. Abaixo, à esquerda: Cartaz do filme *O proscrito* (1943), de Howard Hughes, mostra Jane Russell com sutiã reforçado. Abaixo, à direita: Marpessa Hennink vestida com a lingerie italiana de Ferdinando Scianna, em 1989.

biam o suporte de bojos e alças nos ombros. Quatro anos depois, Marie Tucek patenteou seu "suporte de seios". Com as alças no ombro e um fecho de casa e botão, alguns acreditam ter sido o primeiro sutiã moderno. Essa também foi uma ideia trabalhada por Cadolle em 1905, que separou o design híbrido em um espartilho de cintura e um sutiã e o chamou de *soutien-gorge* ou "suporte de peito", como o sutiã ainda é conhecido na França.

Nos anos 1920, o design do sutiã avançou mais uma vez, auxiliado pelo declínio no uso do espartilho durante a Primeira Guerra Mundial, quando as mulheres assumiram o trabalho nas fábricas, e pela necessidade de racionar materiais. Entre 1922 e 1928, Ida e William Rosenthal, fundadores da Maidenform, ao lado de Enid Bissett, afirmaram ter tido a ideia e criado o primeiro sutiã com bojos de tamanhos diferentes (mas apenas em 1935 a fabricante de roupa íntima Warner apresentou o sistema padrão norte-americano de tamanho de bojo A a D – e além).

A evolução do sutiã não parou aí, com criações para oferecer conforto e proporcionar melhorias artificiais ao busto. Em 1947, Frederick Mellinger, fundador do Frederick's em Hollywood – um homem que criava roupas para o prazer masculino, como ele mesmo disse sem pudores –, fez o primeiro sutiã acolchoado. Um ano depois, criou o primeiro sutiã para levantar os seios, comercializado com o imaginativo nome *The Rising Star* [A Estrela em Ascensão]. Mais divertido ainda era o nome dos sutiãs em forma de cone: *Missiles* [Mísseis].

Mas essas não foram expressões de uma nova ideia. O desenvolvimento do sutiã em forma de cone durante os anos 1930 tinha a intenção clara de acentuar o busto; as mulheres que os usavam eram chamadas de *sweater girls* (p. 112), por causa da original "garota do suéter", a atriz Lana Turner, que mostrou o *look* no filme *Eles não se esquecerão* (Mervyn LeRoy, 1937). O primeiro protótipo de sutiã tinha a mesma preocupação com a estética, e não apenas com a sustentação; em 1859, foi criado por um norte-americano chamado Henry Lesher e incorporava forros infláveis. Mais uma vez seguindo a moda, o primeiro sutiã sem costas, patenteado pela socialite nova-iorquina Mary Phelps Jacob, em 1914, era feito não para acentuar o busto, mas para achatá-lo.

Década a década, o apelo do busto delineado foi aumentando e diminuindo, mas, talvez inevitavelmente, aumentava na maioria das vezes. A aparência "reta", masculina, dava lugar ao extracurvilíneo, e a estilista canadense Louise Poirier criou, em 1964, o wonderbra – uma maravilha da indústria têxtil, envolvendo cerca de 54 partes. Em 1994, outdoors incríveis da campanha publicitária "Hello, Boys" mostravam Eva Herzigova usando um wonderbra e olhando admirada para o próprio decote. Vários acidentes de trânsito foram atribuídos a essa peça de publicidade.

Abaixo: Madonna durante a turnê Blonde ambition, de 1990, apresentando-se com o sutiã criado por Jean Paul Gaultier. Página ao lado: Modelo posa com sutiã inflável sem alças, para ser usado sob vestidos de festa, 1952.

M·G·M presents
Cat on a Hot Tin Roof
starring
ELIZABETH TAYLOR · PAUL NEWMAN
BURL IVES
This is Maggie the Cat...
JACK CARSON · JUDITH ANDERSON
Screen Play by RICHARD BROOKS and JAMES POE · Based on the Play "CAT ON A HOT TIN ROOF" by TENNESSEE WILLIAMS · in METROCOLOR AN AVON PRODUCTION
Directed by RICHARD BROOKS · Produced by LAWRENCE WEINGARTEN

COMBINAÇÃO

Algumas pessoas podem pensar que o sutiã foi o primeiro exemplo de roupa íntima que se tornou aparente durante as décadas de 1980 e 1990, ou que talvez tenha sido a transição gradual da lingerie para o top. Mas já tinha acontecido antes. A combinação, criada nos anos 1920 como uma roupa íntima de seda, era na verdade uma camisola mais longa que permitia que as roupas mais justas, com componentes da moda masculina da época, fossem usadas, suavizando a aparência externa. Esse período também foi de crescente emancipação para as mulheres, e as restrições de tamanho da moda eduardiana estavam sendo rejeitadas. A combinação – elegante, fina, um pouco larga e, com as alçinhas, muito confortável – propunha-se a ser uma peça ideal para uso comum. O vestido de corte reto, adotado pelas melindrosas, era uma combinação com tecido mais grosso e modesto.

A época não era liberal o bastante para que as mulheres vestissem uma combinação como vestido, ainda que na década seguinte as combinações tenham se tornado mais sofisticadas. Cortada em viés, depois que a ideia foi apresentada por Madeleine Vionnet, em 1927, ela ficou mais ajustada ao corpo, como uma segunda pele, com detalhes sutis no busto. Mas o mundo havia mudado em 1949. Há uma história de que a modelo nova-iorquina Anna-Lee Danels e Henry Callahan, estilista e vitrinista da empresa de lingerie Lord & Taylor, decidiram mostrar que as combinações da época, minimalistas e com frequência luxuosas, podiam ser usadas como vestidos. Então, eles foram aos melhores lugares – o famoso Stork Club, um baile de máscaras no Waldorf Astoria, e o nightclub El Morocco – para testar a teoria, acompanhados pelo fotógrafo de uma revista. A combinação de Danels passou sem críticas, apesar de sua sugestão obviamente provocante e sensual de roupa íntima para dormir, como um *négligé*.

Página ao lado: Cartaz do filme *Gata em teto de zinco quente* (1958), com Elizabeth Taylor como Maggie – em sua combinação reveladora.
À direita: Ilustração de moda dos anos 1930 com modelo em combinação de crepe de seda.

Quase uma década depois, as regras menos rígidas permitiram que as mulheres aparecessem com roupa íntima em propagandas, no cinema e nas revistas, um momento que fez da combinação a estrela da nova moda de alcova. Elizabeth Taylor apareceu com uma combinação branca no filme *Gata em teto de zinco quente* (Richard Brooks, 1958) e difundiu ainda mais seu apelo inocente, mas atrevido – apesar de a atriz ter sido toda coberta pela estilista Helen Rose para garantir que nenhuma transparência incomodasse censores atentos.

A combinação passou por uma nova onda de popularidade nos anos 1990, em grande parte graças ao estilista britânico John Galliano, que refinou a versão justa, "um símbolo do que as mulheres usavam à noite", como disse Anna Wintour, editora da *Vogue*. Não houve preocupação em esconder o que havia por baixo. As modelos diziam adotar a peça porque era fácil para vestir e tirar na hora das trocas para as sessões de fotos. Mas quando a magérrima Kate Moss usou uma versão prateada transparente feita por Liza Bruce para a festa de premiação do concurso "Look of the year", organizado anualmente pela agência Elite, de 1993, o interesse certamente aumentou. Naquela década, a combinação perdeu sua óbvia feminilidade ao ser usada sobre uma camiseta branca com suéter largo e sapatos pesados, no estilo grunge da vocalista da banda Hole, Courtney Love, que também a usava de uma forma mais glamorosa em outras ocasiões.

À esquerda: A roqueira norte-americana Courtney Love, com sua filha, numa cerimônia de premiação em Los Angeles, em 1992. Página ao lado: A modelo Kate Moss com combinação transparente na festa da agência Elite em Londres, em 1993.

ESPARTI-LHO

Por ter grande influência nas tendências da moda, quando Madonna apresentou sua turnê Blond ambition, em 1990, fez aumentar a demanda pela peça mais inesperada: o espartilho. Usou um cor-de-rosa, com bojos em formato de cone, uma criação do estilista francês Jean Paul Gaultier, responsável por introduzir a ideia da roupa íntima como roupa comum em sua coleção Dada, de 1983. Ele havia se baseado em um design que fez em papel para seu ursinho de pelúcia quando era criança. "Foi levemente sadomasoquista para um ursinho de pelúcia, e o primeiro ursinho transgênero", Gaultier disse, "mas a peça foi presa com muitos alfinetes, então também era bastante punk."

Gaultier criou espartilhos para Kylie Minogue também. Com a ascensão de novas empresas influentes de lingerie, como a Agent Provocateur, de Joe Corré, em 1994, e o *revival* da apresentação burlesca no fim da década, o espartilho passou por uma nova onda que teria chocado muitas mulheres menos de uma geração antes.

Em meados dos anos 1970, Vivienne Westwood foi a primeira estilista do século XX a usar o espartilho em sua forma original desde que Poiret o havia rejeitado no início do século. Embora o vestido corsetado, feito por estilistas como Dolce & Gabbana e Thierry Mugler, tenha aparecido durante os anos 1980, o espartilho era, na verdade, uma construção mais suave do que sugeria sua suposta sensualidade sem restrições. O espartilho foi, na maior parte do século, um símbolo da opressão das mulheres. Era usado para satisfazer as expectativas da sociedade – aquelas da moda, mas também as da concepção de corpo feminino ideal, em formato de ampulheta.

A Primeira Guerra Mundial e a moda melindrosa, ligeiramente masculinizada, que veio depois mostravam o lento fracasso de qualquer forma de corsetaria, mas só depois de ter passado séculos no centro do guarda-roupa feminino. O espartilho havia sido usado, em várias formas restritivas, do início a meados do século XVI, pelas mulheres abastadas que podiam comprar as peças complexas de renda e, depois, armações com chifres ou ossos de baleia que erotizavam exagerando curvas, levantando e unindo os seios, apertando a cintura e os órgãos internos e ameaçando a capacidade de respirar.

O ilhó de metal, hoje encontrado em sapatos, foi inventado em 1828 para permitir que o espartilho aguentasse tensão maior ao ser amarrado; nos anos 1900, surgiu em Paris um novo estilo em formato de "S" que mantinha o torso reto, mas, como a moda ditava, empurrava o quadril para trás. Diziam que ele aliviava a pressão nas costelas e foi comercializado como o "espartilho da saúde".

As mulheres usaram pela última vez um tipo de cinta modeladora das formas nos anos 1960, até uma revolução na tecnologia dos tecidos, na moda e na política de gênero torná-la antiquada. Mas de repente ali estava o espartilho de novo, quarenta anos depois, dessa vez mais libidinoso e em tecidos elásticos confortáveis – um símbolo do poder, talvez, ou apenas de objetificação sexual. Não mais escondido como roupa íntima, o novo espartilho fez referência às peças fetichistas e ao estereótipo sexy de lingerie do bustiê, das meias e dos suspensórios.

Acima: Retrato colorizado da artista de cabaré Margill com corpete, c. 1900.
À esquerda: Madonna com o espartilho com sutiã cone criado por Jean Paul Gaultier, na turnê Blond ambition, de 1990.
Página ao lado: Vestido com corpete parecido com espartilho e saia franzida de Gianni Versace, da coleção verão de 1995.

MG86990

7. ROUPA DE BANHO E CASUAL

maiô / biquíni / macacão / collant

JAMES
JOYCE
ULYSSES

MAIÔ

Tecidos leves e pouco pano fazem do maiô um biquíni em todos os aspectos, menos no nome. Olhando o passado, é difícil imaginar que na era vitoriana, quando o desenvolvimento das ferrovias permitiu pela primeira vez o transporte para a costa, e a ideia das férias à beira-mar e dos banhos públicos surgiu, as mulheres usavam roupas de banho de sarja ou flanela escura. O nome "roupa de banho" indica a regra moral da época: as mulheres deveriam manter o corpo o mais coberto possível, independentemente da atividade a ser realizada. Ainda hoje, o uso da palavra *costume* [fantasia], de *swimming costume* no inglês, sugere se tratar de um tipo de roupa usada fora do padrão social.

As únicas concessões à praticidade eram que, às vezes, a blusa tinha mangas curtas e podia ser usada uma calça por baixo de uma saia na altura do joelho. Essa foi a primeira vez que as mulheres puderam vestir calças – usá-las como peça do dia a dia só apareceria na moda dos anos 1920. As mudanças das roupas de banho foram lentas, revelando um pouco mais do corpo a cada evolução: as mangas japonesas expunham o antebraço, por exemplo, e depois o short bufante (*bloomers*) revelou a panturrilha.

Peças feitas especificamente para a praia entraram na moda apenas no século XX. Mesmo depois, os macacões sem manga dos anos 1920, inspirados no design de 1913 de roupas de banho masculinas da Portland Knitting Company, ainda eram feitos de lã e tinham o recato como princípio. A mudança para o algodão estampado e um corte mais curto, sem pano nas costas – às vezes inspirado na nova moda praia, mas em geral usado com uma sobressaia que descia até o meio das coxas, apelidada de "avental do recato" –, aconteceu nos anos 1930, quando o maiô se tornou, enfim, uma questão de estilo.

Página ao lado: Marilyn Monroe lendo *Ulysses*, de James Joyce, com um maiô listrado, em 1955. Abaixo: Arte do pintor Arthur C. Michael em um cartaz com roupas de banho dos anos 1930, produzido pela Southern Railway e pela London and North Eastern Railway.

Hollywood ajudou a ditar tendências devido a um novo interesse pelo nado sincronizado ou balé aquático, um esporte que se desenvolveu nos Estados Unidos nos dez anos seguintes e se refletiu em uma enxurrada de "musicais aquáticos", que revelou as estrelas Dorothy Lamour e Esther Williams, cujo primeiro filme Technicolor, *Escola de sereias* (George Sidney, 1944), popularizou seu nome. Empresas como a Cole, da Califórnia – que ajudou muito no embelezamento dos maiôs, com lantejoulas, contas e estampas –, criaram o maiô Esther Williams ("Assim como Esther, este maiô tem tudo", era o texto de um dos anúncios). Por fim, Williams lançou sua linha de roupa de banho. A disposição das estrelas para as fotografias à beira da piscina ajudou a difundir as tendências mais glamorosas e a aumentar a popularidade de Rita Hayworth e Betty Grable (a celebridade mais bem paga de Hollywood na época, cujas pernas famosas e sempre expostas tinham um seguro de US$ 1 milhão).

Abaixo: A atriz norte-americana Ann Miller, c. 1950. Mais abaixo: A *pin-up* da Segunda Guerra, a atriz norte-americana Betty Grable – suas pernas foram protegidas por um seguro de US$ 1 milhão. Página ao lado: Impressão em fundo sépia de um maiô dos anos 1910.

Conforme a consciência corporal aumentava nos anos 1940, foram aparecendo maiôs mais justos, cavados e de corte definido. Os fabricantes de roupas íntimas entraram no mercado para oferecer roupa de banho com elasticidade – muitas levando Lastex, um tecido de fios elásticos com base no látex desenvolvido pela Dunlop nos anos 1930 – e suporte de busto, permitindo a criação dos primeiros modelos sem alças. Foi o uso amplo da substituta do Lastex, a Lycra, e do náilon dos anos 1960 que abriu caminho para um estilo mais revelador e característico de roupa de banho, em parte porque então ela competia com o biquíni, mais comum. Partes com fendas, às vezes preenchidas com tela ou anéis de plástico, e uma perna mais cavada estavam entre os avanços que, ciência têxtil à parte, levaram o maiô à era moderna, o que só aumentou sua exposição.

E às vezes isso ocorria de modo acentuado. Em 1964, o estilista, provocador e nudista Rudi Gernreich apresentou o monoquíni, um maiô *topless*. Apesar de ter inspirado uma moda em boates, não vingou como roupa de praia; Gernreich pretendia que ele servisse de protesto contra uma sociedade repressiva e não como produto comercial. "As mulheres já deixam de lado a parte de cima do biquíni, então parecia um passo natural a ser dado", ele disse. Mas, nos anos 1980, ele alcançou uma breve popularidade – ainda que contrariando uma tendência concorrente por maiôs mais atléticos, no estilo dos nadadores, que refletissem a aparência dos anos 1920. A tentativa seguinte de Gernreich de lançar um "pubiquíni" – expondo a região púbica – não teve nenhuma popularidade, o que não surpreende.

BIQUÍNI

Quando Ursula Andress surge do mar no primeiro filme de James Bond, *007 contra o satânico dr. No* (Terence Young, 1962), não é sua coleção de joias nem a faca que impressionam. O que torna o momento um clássico da sensualidade cinematográfica é o biquíni de Andress, feito para a cena pela figurinista Tessa Prendergast. Ele também sinalizava uma transição-chave nas roupas femininas: saiu o maiô peça única (p. 139), que só passou a ser aceito na virada do século XX, pois antes as mulheres tinham que se banhar com peças que chegavam até o tornozelo. E chegou para ficar o biquíni – revelando todas as curvas e o erotismo estratégico. No mesmo ano, estampou a capa da *Playboy* e, em 1964, a capa de uma edição inaugural de roupas de banho da *Sports Illustrated*.

O momento definitivo para a roupa de banho no cinema: Ursula Andress surgindo do mar no filme *007 contra o satânico dr. No* (1962).

A revolução sexual dos anos 1960 pode ter diminuído o poder do biquíni, mas ainda assim foi uma prova da rapidez da evolução social. Apenas dezesseis anos antes, em julho de 1946, o inventor do biquíni esforçou-se para encontrar uma modelo que o usasse. Seu radicalismo foi equivalente à indecência completa. Louis Réard, que já tinha sido engenheiro de automóveis, precisou procurar a *stripper* Micheline Bernardini para vestir um modelo pequeno, em seu lançamento, na famosa Piscine Molitor, no centro de Paris. O efeito foi o esperado: comoção da imprensa internacional, veto imediato em países católicos, como Itália, Espanha e Portugal, e também na Austrália e na Bélgica, e indiferença nos Estados Unidos. "É inconcebível que qualquer moça com sensibilidade e decência vista uma coisa dessas", disse a revista *Modern Girl*, em 1957.

Não foi à toa que Réard deu à sua peça o nome *bikini*, por causa do atol de Bikini, no Pacífico Sul, onde as primeiras armas nucleares foram testadas pelo exército norte-americano. Ele esperava que sua criação fosse igualmente explosiva. E não surpreende, afinal, a peça original era pequena, com apenas 76 cm de tecido. "Não é um biquíni se não conseguir passar por dentro de uma aliança de casamento", dizia um anúncio.

Nada disso assustou os franceses. Cerca de 50 mil pessoas escreveram cartas elogiando Réard e começou uma corrida pelos menores biquínis. Além disso, em 1946 o estilista parisiense Jacques Heim apresentou o "Atome". Em referência à arma de destruição em massa, o nome também se referia a seu tamanho: pois diziam ser a menor roupa de banho do mundo e uma arma de distração em massa.

A Riviera Francesa adotou o biquíni na década seguinte, e as estrelas do cinema, como Brigitte Bardot no Festival de Cannes, viram nele um ímã perfeito para os *paparazzi*. Tanto que, nos Estados Unidos, Marilyn Monroe, Jayne Mansfield e "A Sereia de um Milhão de Dólares", Esther Williams, seguiram o exemplo de Bardot. Em 1960, Brian Hyland disse tudo com seu sucesso "Itsy bitsy teenie weenie yellow polka dot bikini"[No Brasil, a versão de Ronnie Cord, "Biquíni de bolinha amarelinha"], quando o modelo tomou a cultura popular. De Annette Funicello, em *A praia dos amores* (William Asher, 1963), um dos filmes da onda de produções envolvendo o surfe, à interpretação pré-histórica de Raquel Welch em *Um milhão de anos antes de Cristo* (Don Chaffey, 1966), o biquíni estava em todas as partes.

A ideia de um maiô de duas peças não foi nova, mas torná-lo tão diminuto foi uma comoção. Roupas de duas peças eram usadas pelos romanos e gregos para os exercícios. Carl Jantzen criou um modelo de duas peças parecido com um calção de banho e um colete justo em 1913. Até mesmo isso bastou para causar escândalo: seis anos antes, a nadadora australiana Annette Kellerman havia sido presa em Boston, Massachusetts, por usar uma peça única e justa. Mas isso não foi suficiente para impedir a difusão do modelo. A partir de então, houve um aumento gradual de exposição da pele, e até mesmo o racionamento dos tecidos na época da guerra desempenhou seu papel no encurtamento das partes integrantes do maiô. Isso demoraria mais quarenta anos, mas, em parte graças a uma moda de bronzeamento, o biquíni chegaria a um ponto de exposição máxima, quase nudez, com a tanga, a tanguinha e o fio-dental brasileiro.

Acima: Betty Grable com biquíni amarelo de duas peças nos anos 1940. À direita: A jovem Brigitte Bardot posa na praia durante o Festival de Cannes de 1953

MACACÃO

Um exemplo ideal de uma peça totalmente utilitária em suas origens, mas que graças a cortes diferentes e à variedade de tecidos pôde ter o glamour reservado aos vestidos de festa. O macacão é, acima de tudo, contrário à moda em mais de um aspecto. Foi inspirado nos macacões de proteção de operários de fábricas, aviadores, bombeiros, pilotos de corrida e esquiadores, e numa peça fácil de vestir e despir, como o fã Winston Churchill reconheceu. Mas também representava o tipo de roupa a ser usada no futuro, quando a sociedade tivesse considerado a moda supérflua, um futuro que poderia ser tecnológico e brilhante ou sombrio e distópico. Os operários do *1984*, de George Orwell, usavam macacão.

Foi entre os futuristas do início do século XX que o macacão encontrou sua primeira expressão além do mundo do trabalho braçal. Em 1919, o pintor florentino Ernesto Michahelles (Thayaht) propôs uma versão minimalista em algodão e lona – com um corte em T e preso com botões e cinto – para subverter as pretensões da moda e como um meio de livrar quem o usava das dificuldades de ter que pensar no que vestir diariamente. Por mais unissex que a peça fosse, ela parecia muito mais subversiva em uma mulher, apesar de muitas delas terem trabalhado em fábricas pela Europa durante a Primeira Guerra Mundial, que havia terminado no ano anterior. Em 1923, o construtivista russo Aleksandr Rodchenko e sua esposa, Vavara Stepanova, começaram a vestir "roupas de produção", um avental peça única feito por Stepanova. Ele fez renascer a ideia do macacão como a peça mais prática, descomplicada e lógica de todas as roupas do dia a dia.

Elsa Schiaparelli foi a primeira estilista a brincar com a ideia de tirar o macacão do mundo da funcionalidade e colocá-lo no mundo da moda nos anos 1930. Sua peça era prática, estilosa, na cor azul-claro com capuz, punhos, tornozelos e cintura trançados, e até uma garrafa de água

Página ao lado: A atriz norte-americana Heather Locklear posa para uma sessão de fotos, em 1981. Abaixo: A atriz norte-americana Lana Turner, confortável com um macacão sem mangas e decote V, em 1955.

para ser levada junto ao corpo, em diagonal. Até o fim da década de 1950, os macacões eram usados por mulheres na linha de produção para a guerra – levando à propaganda icônica, "Rosie, the Riveter", de Norman Rockwell em *The Saturday Evening Post* –, e versões surpreendentes foram adotadas pelas estrelas hollywoodianas Katharine Hepburn (com uma peça de seda com monograma), Veronica Lake e Lauren Bacall.

Talvez não surpreenda que tenha sido um ex-piloto de bombardeiro, Emilio Pucci, quem apresentou pela primeira vez, em 1960, a ideia do macacão como item de passarela, produzido em seu tecido patenteado Emilioform, um jérsei sintético. Seu exemplo foi seguido logo depois pela estilista Irene Galitzine, que fabricava calças palazzo com uma parte de cima com peitilho para criar um macacão mais feminino, e por Norma Kamali, enquanto surgiam versões da era espacial feitas por André Courrèges e Pierre Cardin. Mas no Reino Unido quem estabeleceu o estilo foi Diana Rigg – interpretando Emma Peel em uma cena com uma peça justa de couro feita pelo figurinista John Bates para a série de TV *Os vingadores*. Valentino também mostrou um macacão, primeiro em 1966 e de novo em 1971, e desfez qualquer conotação de trabalho braçal ao fazê-lo branco, com a parte de cima como uma jaqueta de abotoamento duplo. Estava muito longe da onda do "macaquinho", de 2012.

Nos anos 1970, o macacão com todas as variações – tomara que caia, evasê, de tricô, com stretch, com golas grandes ou frente única – havia se tornado uma peça básica. Era a preferida dos quatro integrantes do Abba e estava sempre presente na famosa boate de Nova York, a Studio 54. Com materiais sintéticos e na cor prata, também ganhou um toque glam rock, apesar de Suzi Quatro só usar um modelo de couro preto. Desde então, a Dolce & Gabbana criou um macacão smoking para Madonna, a Prada produziu uma versão em seda xadrez, e a Givenchy ofereceu um modelo com vários bolsos. Estilistas como Stella McCartney, Thierry Mugler, Yohji Yamamoto e Yves Saint Laurent mantêm o modelo sempre em voga.

Página ao lado: Modelo com macacão largo e listrado da coleção Beene Bag, do estilista Geoffrey Beene, de 1975. Abaixo: Ilustração de "Rosie, the Riveter", de Norman Rockwell, na primeira página do *Saturday Evening Post*, 1943.

COLLANT

O crescimento do interesse pela saúde e o condicionamento físico nos anos 1980 popularizou a prática de exercícios, muito além do ambiente escolar e esportivo. A ginástica foi o meio acessível de viver uma rotina de movimento vigoroso organizada sob o cuidado de especialistas. A aeróbica passou a ser a palavra mais ouvida quando o assunto era estilo de vida, e roupas específicas eram necessárias: faixas de cabeça, polainas, cardigãs curtos (estes dois últimos itens foram emprestados das roupas de balé) e, sobretudo, o collant.

Mas a essa altura não era apenas o termo aeróbica que estava ultrapassado – ele foi cunhado em 1968 –, o collant também estava. A peça justa, originalmente com mangas e pernas compridas, vestida pelo decote, foi usada pela primeira vez por Jules Léotard, em 1859, que deu a ela seu nome original: "leotard". Jules era um trapezista, e, apesar de sua vestimenta especial ser feita de tricô – e não com tecidos elásticos, como o spandex de Lycra da DuPont, com o qual seria associado mais tarde –, dizem que ela revelava muito de seu corpo e, por isso, era uma atração por si só.

Apesar de a ideia de uma peça tão justa não ser nova na época de Léotard – versões tinham sido usadas por baixo de roupas mais diáfanas desde o século XVIII –, foi a dele que se difundiu. Criou uma tendência e foi usada por vários artistas, sobretudo por aqueles envolvidos em artes performáticas de circo, teatro e balé. Diz a lenda que os dançarinos do sexo masculino usavam uma meia de corpo inteiro por baixo da peça justa, até o dançarino russo Vaslav Nijinsky se esquecer de vesti-la em uma apresentação no começo do século XX.

A natureza reveladora do collant, que cobria, mas, aparentemente, mostrava tudo, só foi desenvolvida quando a empresa de roupas de ginástica Danskin criou o seu, pela primeira vez em elastano. Sua estilista, Bonnie August, havia "feito quase todo mundo sair por aí com quase nada", como sugeriu a revista *People* em 1979. Bonnie viu a possibilidade de o collant ser usado como peça de moda, com saia curta, por exemplo, ou como roupa esportiva, embora as patinadoras da Califórnia, na época, já o usassem para os dois propósitos. Uma paleta de cores fortes e neon ganhou prioridade, as cores amarelo, roxo e azul-elétrico se tornaram bem populares, e o nome Lycra virou um adjetivo comum.

Acima: Madonna toda vestida para uma aula intensa de dança na turnê Confessions on a dance floor (2006). À direita: A atriz norte-americana Jamie Lee Curtis em *Perfeição* (1985), um drama que trata da mania de saúde daquela época.

Com a popularidade do videocassete – comercializado em 1964, mas só difundido nas residências nos formatos Betamax/VHS no início dos anos 1980 –, os exercícios aeróbicos em casa também se tornaram comuns. Vídeos como o *Jane Fonda's workout* (1982), que vendeu milhões de cópias e foi apenas um dos 23 vídeos de exercícios de estrelas do cinema, fizeram a aeróbica se espalhar pelo mundo. Nessa época, a cultura popular reforçava a presença do collant na moda, mas, por ter sido adotado por cantores extravagantes do rock e do pop, desde David Lee Roth, do Van Halen, até Freddie Mercury, do Queen, a peça passou a ser conhecida pelos homens. O clipe da música "Physical" (1981), de Olivia Newton-John, a série de TV *Fame* (1982), o filme *Flashdance* (Adrian Lyne, 1983), *Heavenly bodies* (Lawrence Dane, 1984) e *Perfeição* (James Bridges, 1985), com John Travolta e Jamie Lee Curtis, tornaram o collant a peça do momento na rua e também no estúdio de dança.

Pelo menos durante um tempo, até que roupas mais relaxadas e confortáveis passaram a ser usadas nos esportes e nos exercícios. Mas o collant foi adotado por estilistas como Donna Karan, em 1985, e relançado como um modo de cobrir o corpo por baixo de roupas semitransparentes e como alternativa confortável a uma blusa por baixo de um terno de alfaiataria. Exatamente por estar muito associado ao fim dos anos 1970 e início dos anos 1980, o collant teve um impacto retrô forte anos depois, quando Madonna fez um breve *revival* do modelo ao usar um feito por Jean Paul Gaultier em sua turnê de 2006.

Abaixo, à esquerda: "Bernarr MacFadden revela o segredo da 'Saúde muito boa'", na capa da revista *Physical Culture*, em 1926. Abaixo, à direita: A atriz iugoslava Sylvia Koscina se exercita e se arruma em Roma, 1964.

8.

SAPATOS

escarpim / plataforma / sapatilha / bota de montaria / sandália / tênis de lona / bota de caubói / salto-gatinho / peep-toe e slingback / anabela

Escarpim Manolo Blahnik e clutch Roger Vivier, fotografados por Patrick Demarchelier para o editorial "Red is the new black", da *Vogue*, em 2004.

ESCARPIM

Nenhum outro estilo de sapato foi objeto de tanto desejo, status, fetiche e controvérsia como o escarpim [em inglês, *stiletto*, palavra italiana para "estilete"]. Em sua forma mais elevada e reduzida, ele foi feito por Roger Vivier para a Dior, em 1954, com a intenção de que a ponta estreita, a gáspea de corte baixo e o *talon aiguille* (salto agulha), um salto fino de 8 cm (como a lâmina de um estilete), sugerissem uma coisa: sexo. E sexo como uma maneira de deixar para trás as privações dos anos 1940 pós-guerra.

Como disse o designer de sapatos Manolo Blahnik: "A questão é que usar sapatos como esse transforma você, o modo como você se sente, o modo como suas nádegas se movimentam. É isso que é sexy, não os sapatos". Essa ideia não se perdeu dos anos 1940 em diante, menos ainda com Marilyn Monroe, cujos sapatos tinham um salto um pouco menor do que o outro, para enfatizar o movimento dos quadris.

Um avanço na engenharia durante aqueles cinzentos anos 1940 havia tornado possível um salto particularmente alto. A extrusão do metal permitia a produção de hastes de aço curtas e finas, mas muito fortes, que André Perugia pode ter usado para produzir um sapato no estilo escarpim antes de Vivier. Mas a ideia do salto em si não era nova. Eles eram usados por civilizações antigas: no Egito, por encarregados de cortar carne, para que ficassem mais altos do que as pilhas de vísceras; em Roma, pelas prostitutas; e na China, onde as concubinas os calçavam para expressar disponibilidade sexual, embora acredite-se que mulheres venezianas do século XVI os usaram por questões de estilo.

Assim como agora, eles provocavam discussões: uma teoria era de que o modelo fora inventado por maridos para tornar os movimentos das esposas mais desengonçados e, assim, diminuir a possibilidade de casos extraconjugais. Andar com eles era muito mais difícil até os anos

Croquis do designer de sapatos Manolo Blahnik, que popularizou os escarpins ao longo dos anos 1980.

1880, pois os sapatos eram produzidos (e não serviam direito) para ser usados em qualquer pé, por ser tecnicamente difícil fazer saltos para acomodar os pés direito e esquerdo. Se o salto alto teve uma representante, o nome dela é Catarina de Médici (1519-1589), esposa de Henrique II, da França, e muito influente em questões relativas à moda. A combinação de altura com status na sociedade fez com que ela usasse saltos de 5 cm, uma atitude imitada por Maria Tudor.

Dois séculos depois, a elegância da vida na corte europeia se expressava por saltos cada vez mais aerodinâmicos e refinados, ao lado dos primeiros indícios de que eles poderiam oferecer uma nova forma de erotismo. Isso fez com que os puritanos nas colônias dos Estados Unidos criassem uma lei contra o uso de salto para conquistar um homem. Além disso, depois da Revolução Francesa (1789-99), Napoleão os baniu pelo espírito da igualdade, tanto entre as classes quanto entre os homens e as mulheres.

Apenas em meados do século XIX o salto alto voltaria, e com vingança. Às vezes com 15 cm, o salto tornava o dorso do pé pronunciado, o que era visto como uma expressão de boa criação. Diziam que o salto alto ajudava a diminuir a dor nas costas, em vez de causá-la. Enquanto o fetiche em torno do salto alto aumentava rapidamente, no século XX, a popularidade do modelo foi submetida, em grande parte, aos caprichos da moda, além, claro, das afirmações de defensores dos direitos das mulheres de que o modelo representava uma forma repressiva e contemporânea de amarração do pé, e não uma fonte de prazer ou poder para as mulheres.

Desde o fim do século XX, quando o design do sapato voltou a ser visto como uma especialidade, o escarpim ganhou um novo espaço, principalmente com Blahnik ("sapatos de prostituta", como a comediante Joan Rivers os chamou) e Christian Louboutin, cujos sapatos de sola vermelha (p. 178) lembravam os saltos vermelhos (*les talons rouges*) que apenas a aristocracia podia usar na França de Luís XIV.

Abaixo: Foto de anúncio de Guy Bourdin para a coleção outono/inverno de Charles Jourdan, 1977. Página ao lado: Lady Gaga participa do programa *The Morning Mash Up Live* em Nova York, 2013.

GREATER THAN
TRON
10 YEARS 8-13-13
LADY GAGA
ARTPOP!
Un abrazo!!
Jorge Medina
voz
LA ARROLLADORA
always be
Jerseylicious
Keep it fun
ONE LIFE ONE CHANCE
NERVE DJS
Band of Skulls
Brenda!
Viva Mexico B Puebla!!
DJ ACE
Hoodrich/Brick Squad

PLATA-FORMA

Desde o início do século XX, a plataforma é vista com certa curiosidade. Em 1939, um anúncio para a Beachcraft Sandal Company, de Nova York, proclamava seu design de plataforma como "uma novidade em solas de madeira". No mesmo ano, um desenho no *Boot and Shoe Recorder*, uma publicação do comércio norte-americano, mostrava o vendedor de sapatos dizendo a uma mulher que experimentava um par de plataformas: "Elas farão a senhora ficar mais alta do que seu marido, Sra. Green!".

Acima: Plataforma em pelica dourada, camurça multicolorida e salto de cortiça, desenhada para Judy Garland por Salvatore Ferragamo, em 1938.

Na época, não era comum usar um sapato plataforma na rua. Nos Estados Unidos, o estilo ganhou popularidade em 1938, mas como roupa de praia, um desenvolvimento dos sapatos de plataforma em camadas de cortiça criados por Salvatore Ferragamo para uso na Riviera Francesa e nos resorts da costa do Mediterrâneo em 1937. A plataforma alongava a perna, oferecendo um toque de elegância, mas também mantinha o pé longe da areia quente. Lembrava os *patten*, um dos primeiros conceitos de sapato plataforma usados no século XV para evitar que se pisasse no lixo, esgoto e estrume que se espalhavam pela maioria das ruas. No século XVII, as abastadas da Itália e da Espanha usavam seus exagerados *chopines* com saias compridas para ficar muito mais altas.

Quando as plataformas se tornaram populares e úteis nas praias dos Estados Unidos, estilistas como Roger Vivier, Elsa Schiaparelli e Ferragamo as exploraram como itens da moda. Mas apenas no início dos anos 1940 as plataformas se difundiram, e o salto amplo do sapato dava espaço a diversas formas de decoração, de apliques a franjas. Algumas pessoas atribuem o sucesso à dançarina e cantora de 1,52 m, Carmen Miranda – conhecida como a *bombshell* brasileira –, a artista mais bem paga de Hollywood em 1945 e que tornou os sapatos de plataforma sua marca registrada (que costumavam ser feitos por Ferragamo). Mas, apesar de os Estados Unidos considerarem a plataforma glamorosa, foi mais a necessidade que difundiu seu uso. Na Europa destruída pela guerra, e sobretudo na França ocupada, a falta de couro para solas ou componentes dos saltos fez as mulheres adotarem a plataforma de madeira como alternativa. Dizem também que a escassez foi o que motivou Ferragamo a fazer solas de cortiça na Itália durante os anos 1930.

A plataforma foi revisitada pela moda periodicamente. Barbara Hulanicki, da Biba, apresentou uma bota plataforma em 1968, enquanto o designer de sapatos Terry DeHavilland ajudou a tornar a plataforma parte da iconografia dos anos 1970, sobretudo porque suas versões vertiginosas para Bianca Jagger, Angie e David Bowie eram consideradas escandalosas. As plataformas voltaram nos anos 1990, quando uma sola grossa foi usada em todos os tipos de sapato, de botas pretas fetichistas a tamancos, de sapatos baixos a tênis, em grande parte graças a Vivienne Westwood. Em 1993, a modelo Naomi Campbell tropeçou na passarela quando desfilava para Westwood com seus sapatos Super Elevated Gillie azuis de 25 cm.

À direita: A atriz e dançarina Carmen Miranda, em 1947, referência do salto plataforma. Abaixo: Sapato plataforma com uma credencial para os bastidores da turnê de 1975 dos Rolling Stones nos EUA, usado por Bianca Jagger.

SAPATILHA

Costuma-se dizer que a sapatilha deu uma pirueta do palco para a passarela durante os anos 1940 e 1950. Foi em 1944 que a inovadora estilista de roupas informais norte-americana Claire McCardell pediu ao sapateiro de sapatilhas de Nova York, Capezio, para criar uma versão robusta o suficiente para ser usada na rua. McCardell batizou o estilo de *ballerinas* e logo conseguiu muito sucesso com elas. Era um sapato extremamente confortável, cuja simplicidade permitia que fosse usado com quase tudo, e podia ser fabricado apesar das restrições impostas pelo racionamento no período de guerra. O estilo fez tanto sucesso que, na década seguinte, tornou-se o predileto das adolescentes, principalmente porque a sola fina e a parte de cima supermacia e flexível das sapatilhas facilitavam os movimentos para dançar ao som das big bands ou das novas atrações de rock 'n' roll.

Assim como aconteceu com várias peças básicas, foi o cinema que consolidou a sapatilha no guarda-roupa feminino. Audrey Hepburn – cuja influência tornou o pretinho básico (p. 42), a camisa branca e a calça cápri (p. 98) importantes itens da moda – adotou a sapatilha em vários de seus grandes filmes, incluindo *A princesa e o plebeu* (William Wyler, 1953), *Sabrina* (Billy Wilder, 1954) e *Cinderela em Paris* (Stanley Donen, 1957). Hepburn, a propósito, já tinha sido bailarina. Mas talvez a maior contribuição para o sucesso da sapatilha seja o filme de Roger Vadim, *E Deus criou a mulher* (1956), no qual a estrela Brigitte Bardot usa uma delas. Na verdade, era um par feito para ela, em pele de carneiro com um laço na frente, produzido pela sapateira parisiense Rose Repetto, que desde o fim dos anos 1940 fazia as sapatilhas dos dançarinos profissionais. Isso deu ao sapato, visto como feminino e delicado, uma nova sensualidade. Nos anos 1960, era o modelo perfeito para ser usado com calça cápri ou, décadas depois, com vestidos ou jeans.

Página ao lado: Foto de Audrey Hepburn para divulgação de *Sabrina* em 1954, o filme que a associou pela primeira vez às sapatilhas. Abaixo: Brigitte Bardot com sapatilhas em uma cena do filme *E Deus criou a mulher* (1956).

Mas a ascensão da sapatilha como peça básica da moda não se deve apenas ao balé. É verdade também que a concepção moderna da sapatilha – sem salto, diferentemente dos primeiros pares usados na Académie Royale de Danse da França de 1681 – deve muito à moda. Por quase meio século desde o fim dos anos 1700, um sapato de seda semelhante no corte e na simplicidade (com uma fita para amarrar no tornozelo ou, mais tarde, uma faixa elástica) era a escolha do dia a dia de qualquer mulher ligada à moda da Europa Ocidental, e a única variação foi no formato do sapato, redondo ou mais pontudo.

A Repetto se tornou um dos fabricantes mais prestigiados de sapatilhas e, em 2011, lançou um serviço de atelier na loja de departamentos Selfridges, em Londres: os clientes podem criar sua própria sapatilha, e o par, sob medida, é feito na fábrica da empresa, na França. A marca ainda usa as mesmas técnicas de costura de sapatos de ponteira tradicionais para fazer uma costura forte no dedão do pé.

Da sapatilha cor-de-rosa pastel à bicolor apresentada pela Chanel, elas são atemporais, assim como afirmou Calgary Avansino, diretora executiva de moda da *Vogue UK* até 2013: "É muito raro no mundo da moda – a sapatilha tem o traço único de combinar conforto e facilidade com classe e estilo".

Página ao lado, acima: Brigitte Bardot com sapatilhas, sua marca registrada, em 1962. Página ao lado, abaixo: Alguns dos muitos tons de sapatilhas da Repetto. À direita: A primeira-dama Michelle Obama com sapatilhas amarelas ao lado do presidente Obama, na Flórida, em 2010.

BOTA DE MONTARIA

O designer de sapatos Christian Louboutin não foi o primeiro a pintar uma sola de vermelho. Os mongóis também pintavam a sola de suas botas da mesma cor, e podemos atribuir a invenção do salto para montaria a esse povo, nos séculos XIII e XIV (o período de construção de seu império). Assim como na bota de caubói (p. 175), a ponta era afilada, melhor para passar por um estribo, enquanto o salto era mais alto do que o normal e inclinado em direção à ponta, o que permitia o encaixe no estribo e evitava escorregar por ele. Essas podem ser consideradas as primeiras botas de montaria, e modelos subsequentes foram uma mistura de funcionalidade e extravagância: as botas de montaria no início do século XVII da Europa Ocidental, por exemplo, tinham salto de 5 cm, bico fino e sola reta (o que significa que as duas botas podiam ser usadas em qualquer pé, permitindo que o desgaste ocorresse de modo mais igual), mas o cano se abria no alto da coxa. Elas eram tão exageradas quanto práticas.

Algumas mulheres usavam vários tipos de bota de montaria durante os séculos XVII e XVIII, e era comum também o uso de algum tipo de sapato ou bota até o tornozelo. Mas só no início do século XIX as botas se tornaram itens da moda, em especial para as mulheres, apesar de serem associadas à nobreza, em geral a única classe abastada o suficiente para ter cavalos. A guerra pode ter marcado o ponto de virada com a vitória, em 1815, de Arthur Wellesley, primeiro-duque de Wellington, sobre Napoleão Bonaparte na Batalha de Waterloo. Essa conquista provocou no Reino Unido uma tendência para a bota de borracha *(Wellington boot)* – que tinha salto baixo e cano médio e era feita de couro, e não de borracha de galocha do século XX.

Página ao lado: Bota de montaria com botões em estilo polaina, em um editorial de moda dos anos 1960. Abaixo: Botas de montaria bicolores de Pierre Cardin, usadas no estilo cossaco, com a calça por dentro, em 1972.

Nos anos 1850, a bota de borracha de duas partes, conhecida como *full Wellington*, havia se tornado o padrão para homens do exército, aumentando o glamour do modelo. As botas equestres para mulheres

vinham com um fecho de bota de campo e eram amarradas na frente como um espartilho, da ponta da gáspea até a parte inferior do cano, tornando-as mais fáceis e elegantes para calçar.

As botas femininas ganharam várias alturas desde então. As *ankle boots*, por exemplo, eram usadas para caminhar desde o fim dos anos 1780 e se transformariam nas Adelaides com amarração lateral da década de 1830 (receberam esse nome em homenagem à rainha esposa do rei Guilherme IV), nas botas de botões frontais dos anos 1880 e até nas *go-go boots* modernas de Pierre Cardin e André Courrèges da década de 1960.

Mas toda bota considerada de montaria surgiu do modelo Wellington original. A praticidade era a base da escolha; a bota alta, por exemplo, ressurgiu nos anos 1890, quando andar de bicicleta se tornou uma atividade da moda para as mulheres e era preciso usar uma bota para proteger as meias. Já a voga das botas russas da década de 1920, justas, de vestir e que chegavam até o joelho, foi uma alternativa de couro mais chique às galochas ou botas de chuva. Originalmente, foram criadas pelo costureiro Paul Poiret para sua esposa.

A bota de montaria logo suplantou a sua finalidade. As botas russas anteciparam os modelos que seriam considerados jovens e modernos nos anos 1960, graças, em grande parte, àquelas feitas por Balenciaga e Roger Vivier para Yves Saint Laurent, que foram aclamadas como alternativas mais modernas à moda feminina e delicada do pós-guerra atribuída ao New Look de Christian Dior. Talvez seja irônico o fato de as botas de cano alto terem sido tão usadas pelas mulheres por seu jeito prático e masculino.

Página ao lado: Barbara Allen e Jerry Hall com botas de montaria da Gucci e outras peças inspiradas no estilo montaria, em 1978. Abaixo, à esquerda: Princesa Anne, equitadora olímpica nos Jogos de Montreal, em 1976. Abaixo, à direita: Botas de montaria se tornaram mais populares quando a bicicleta virou moda no fim do século XIX.

SANDÁLIA

"A época da fábula terminou; o Reino da História está começando." Essa foi a reprimenda de Josefina Bonaparte à beldade madame Tallien e suas duas amigas, cujo exagero na maneira de se vestir não seria mais tolerado. E quando a esposa do imperador da França critica a roupa de alguém, essa pessoa deve ficar em alerta. Teriam elas realmente sido ofensivas? Em 1799, apareceram em um evento público vestindo túnicas e sandálias com faixas roxas, o que pareceu causar o escândalo. Ainda por cima, usaram anéis nos dedos dos pés.

Tais coisas podiam ser aceitas quando retratadas na arte, que na época se inspirava no gosto pelo Classicismo e no estilo da estatuária grega e romana antigas. Mas usar sandálias com os dedos à mostra na vida real era grande ousadia. Por fim, a solução foi criar a ilusão de que isso estava sendo feito pintando faixas e fendas em cima de um sapato fechado e usando uma base que combinasse com as meias coloridas. Em 1800 – embora o estilo sandália já fosse usado há milhares de anos, amarrando-se uma camada protetora de couro à sola para criar o calçado mais básico –, o termo "sandália" significava apenas um sapato fechado com cordões que se cruzavam sobre o peito do pé e envolviam o tornozelo.

É incrível que apenas em 1907 a sandália em sua concepção moderna (ou antiga) – um sapato amarrado com faixas que expunham os pés e os dedos – chegou à moda, e com hesitação. À frente de seu tempo, naquele ano, a costureira francesa Madeleine Vionnet mostrou suas modelos usando sandálias, mas apenas nos anos 1920 o estilo tornou-se amplamente aceito, tornando-se, em grande parte, prático para ser usado na praia ou nos novos resorts à beira-mar.

Um motivo para seu charme era a nova moda, popularizada por Coco Chanel, de se bronzear. Calçados tradicionais de banho cobriam o peito

Página ao lado: A cantora norte-americana Carly Simon com sandálias romanas na altura do joelho, no verão nova-iorquino de 1971. Abaixo, à esquerda: A atriz norueguesa Greta Gynt usa sandálias de sola de madeira para a Clarks, nos anos 1940. Abaixo, à direita: Uma sandália de ouro 18 quilates de Salvatore Ferragamo, produzida em 1956.

do pé e deixavam uma marca bronzeada ao redor do tornozelo. O modelo plataforma que veio em seguida também se originou em uma sandália de praia, com a sola grossa feita para ser enterrada na areia, permitindo que o pé ficasse protegido acima dela. Nos anos 1930, a sandália básica podia ser usada à noite, mas apenas modelos com os dedos cobertos, e só com meias. Mostrar as pernas nessa época era quase tão inaceitável quanto expor os dedos dos pés na França de Napoleão.

Pode-se dizer que a sandália levou uma vida dupla: enquanto algumas se tornavam mais chiques, outras eram muito mais básicas. Uma teoria é de que a demanda pelas mais simples era porque estrelas de Hollywood as usavam fora dos sets de filmagem. Elas as tinham conhecido por meio da avalanche de épicos bíblicos filmados durante os anos pré-Segunda Guerra. Cecil B. DeMille, o diretor por trás de muitos deles, contratou o designer de sapatos Salvatore Ferragamo para tornar o calçado o mais autêntico possível, gerando um padrão que agradaria também aos hippies que usavam sandálias na década de 1960.

A guerra ajudou no progresso da sandália: a escassez incentivou o uso mínimo de couro sempre que possível, e o estilo se tornou o sapato escolhido para as *pin-ups*, tanto nas fotos quanto nas ilustrações de artistas como Alberto Vargas e George Petty. Essas garotas ousadas – exemplos, de certo modo – sustentavam a sensualidade da sandália com seu estilo de "jogo de esconde" e o conceito da exposição dos dedos do pé, que se tornou mais popular com a criação do esmalte colorido. A imperatriz Josefina não teria gostado.

Abaixo: Modelo na praia exibindo tendências patrióticas nos Estados Unidos em 1941. Página ao lado: Cartas de baralho com *pin-ups* clássicas ilustradas pelo artista Alberto Vargas, produzidas em 1946.

K
vargas
K

A
vargas
A

TÊNIS DE LONA

O ancestral do que nos anos 1980 havia se tornado o onipresente e unissex tênis, ou *sneaker*, nos Estados Unidos foi criado para um propósito tranquilo: caminhar na praia. O tênis de lona foi um produto das férias à beira-mar de meados ao fim do século XIX, na Inglaterra, e também da descoberta feita pelos operários de que suas botas eram inadequadas para o ambiente e para a areia. O resultado foi um "sapato para areia", um calçado novo, barato e leve, com lona de rápida secagem e sola de borracha, popularizado pela Liverpool Rubber Company (fundada em 1861 e depois comprada pela Dunlop). A sola era presa à lona com uma faixa de borracha que deu nome ao sapato (em inglês, *plimsoll*), imitando a linha branca Plimsoll introduzida em 1876 para indicar a profundidade máxima à qual o casco de um navio podia ser submerso quando carregado. A analogia com a navegação foi pertinente, já que ele era usado na praia.

O sapato logo seria adotado por mulheres e esportistas, mostrando-se ideal para esportes de quadra devido ao revestimento, à aderência e à proteção que oferecia. Iatistas, tanto homens quanto mulheres, gostavam do tênis de lona pelas características indicadas, e as Forças Armadas o adotaram como parte do kit padrão para uso durante o treinamento físico. Entre as melhorias no design, houve o acréscimo de uma biqueira para impedir que o dedão desgastasse a lona e a furasse, e os primeiros modelos de tênis de lona de marca começaram a aparecer.

Em 1908, foi criada a Converse Rubber Shoe Company, em Malden, Massachusetts. A empresa formou sua reputação produzindo sapatos com sola de borracha, entrou no mercado de tênis em 1915 e lançou o tênis de basquete Converse All-Star em 1917. Em seguida, foi lançada uma bota, porque o vendedor da empresa, o ex-jogador de basquete Charles ou "Chuck" Taylor, sugeriu o acréscimo de uma parte para proteger o tornozelo. A bota tornou-se o tênis mais usado para esportes universitários nos Estados Unidos. Até 1947, ele só foi comercializado na cor preta, quando uma versão branca apareceu e logo passou a fazer parte do uniforme do adolescente norte-americano dos anos 1950, acompanhado de camisetas brancas e da calça Levi's.

Em 1966, o All Star de lona havia se tornado o líder do mercado, e sete opções de cores foram lançadas. Ele marcou a época do design de tênis robusto e claro – de empresas como New Balance e Nike –, possível devido aos tecidos sintéticos disponíveis, e os modelos se tornaram mais cultuados e colecionáveis.

A partir de 1970, houve maior disponibilidade de tênis esportivos feitos para atividades específicas, e o estilo se diversificou, graças aos avanços tecnológicos que se tornaram possíveis com os novos materiais. Mas a moda continuou gostando da simplicidade minimalista do tênis de lona e do modo como ele melhoraria esteticamente com o tempo. O tênis de lona foi um componente de estilo de subculturas vinculadas à música, desde o fim dos anos 1970, entre elas o punk rock norte-americano, o grunge (usado com vestido floral e cardigã grande), o hip-hop americano da Costa Oeste e o hardcore/emo, além de muitas outras com tendência retrô. A vida curta do tênis de lona – rasgos, sujeira e furos – só aumentava seu charme. Nos anos 2010, quando seu design "volta às origens" e sua quase descartabilidade lhe renderam o nome de *Shoreditch slipper* (devido à famosa área de East London), versões da Keds, Superga, Vans e também dos tênis de lona escolares tradicionais sem marca passaram a ser usadas com calça jeans com barra dobrada e vestidos leves.

Abaixo: Katharine Hepburn com tênis brancos de lona, posando com Donald Budge para uma sessão de fotos publicitárias em 1952.
Página ao lado: Ursula Andress com jaqueta de basquete e tênis de lona combinados em 1978.

BOTA DE CAUBÓI

A bota de caubói é por vezes considerada uma peça decorativa do vestuário do passado devido a seu estilo rococó, couro muito decorado e, é claro, um toque um pouco exagerado do Velho Oeste norte-americano do século XIX. Foi durante os esforços de Hollywood nos anos 1930 para transformar a mitologia do caubói em ouro cinematográfico – no início por meio de atores como Gene Autry e Roy Rogers – que o modelo foi usado pela primeira vez como moda. Ainda assim, quase tudo em relação à bota, usada originalmente por homens e mulheres, foi feito levando em conta sua funcionalidade na montaria.

O salto era alto, com 5 cm a 8 cm, grande e inclinado para a frente para ajudar a manter o pé no estribo e impedir que ele passasse por dentro dele. Também se enterrava no chão quando o rapaz ou a moça tivessem que conter ou puxar um cavalo em disparada. Enquanto isso, a ponta era mais esculpida para facilitar o encaixe do estribo no momento da montaria. A abertura ampla da bota e a ausência de amarração facilitavam não só o calçar, se a pessoa estivesse usando roupas pesadas de trabalho, mas também o descalçar e o desencaixe do estribo se ela fosse lançada de cima do cavalo. Uma gáspea justa mantinha a bota firme quando a pessoa ficava em pé. A altura do cano foi escolhida para proteger as pernas do contato com pedras e outros obstáculos (a versão mais curta da bota de caubói, chamada Roper, surgiu com o rodeio, já que os peões tinham de ficar livres para montar, mas também para correr e para laçar o bezerro).

Quanto à decoração, foi apenas o resultado criativo do fato de as botas de caubói serem costuradas por fora, de modo a evitar que costuras internas ficassem em atrito com o pé ou a perna. A versão mais decorada da bota, com camadas internas e externas de couro estampado e colorido, só chegou com os estilos mais modernos, a partir da década de 1920. Foi quando as botas começaram a ser usadas para ser mostradas

Página ao lado: Raquel Welch usa biquíni patriótico e botas de caubói em uma sessão de fotos promocional para o filme *Homem e mulher até certo ponto*, em 1970. Abaixo, à esquerda: Capa da revista *Life* de 1940 mostra a mais nova moda adolescente – no estilo Velho Oeste. Abaixo, à direita: Botas de caubói em promoção no Libertad Market, em Guadalajara, México.

e também para o trabalho. O rodeio misturou as habilidades no rancho com o entretenimento, e Hollywood procurou dar mais destaque a seus caubóis da telona – e, por fim, às *cowgirls*, como Yvonne De Carlo, atriz de filmes B.

Hollywood teve efeito duradouro no charme da bota, incentivando seu uso como símbolo da história americana e do individualismo heroico, tal como fez com o jeans. Marilyn Monroe posou com botas de caubói usando pouco mais do que um chapéu Stetson, para seguir as *pin-ups* da época. Nos anos 1960, elas tinham se tornado uma peça básica da moda, apoiadas pela crescente popularidade das músicas country e western e porque a bota era usada por estrelas como Dolly Parton. Nos anos 1990, estavam prontas para reinterpretação: usadas pela cidade, para ser úteis em festivais de música lamacentos e com possibilidade de ser vistas em Britney Spears, Jessica Simpson ou Kate Moss e em quem lidava com cavalos. E, de novo nos anos 2010, a bota voltou à moda com marcas como Marc Jacobs e Balmain, criando para mulheres modelos em prata, veludo preto ou em preto e branco.

Dado o nível de atenção e inovação adquirido pela bota de caubói, quem as inventou quebrou recordes. Sugere-se que o estilo provavelmente se originou no Texas ou no Kansas, e uma precursora foi a Hyer Boot Company do Kansas, fundada por Charles e Edward Hyer depois de assumir o negócio de sapatos do patrono imigrante alemão William, em 1880. No entanto, calçados parecidos também eram usados por culturas antigas nas quais o cavalo estava presente. Os hunos do século V da Ásia Central podem ter passado adiante seus designs para os mouros, que os levaram à Espanha. E os espanhóis exportaram o estilo ao Novo Mundo pelo México e pela Califórnia, tornando-se, com efeito, os primeiros caubóis, os *vaqueros*.

A jornalista norte-americana Louise Bryant posa com uma roupa russa e botas de caubói do Velho Oeste, em 1918.

Acima: A cantora norte-americana Alicia Keys, fotografada na rua em Nova York, em 2006.
À direita: Par de botas de caubói de cano alto de Dolly Parton, a lenda norte-americana do Country & Western.

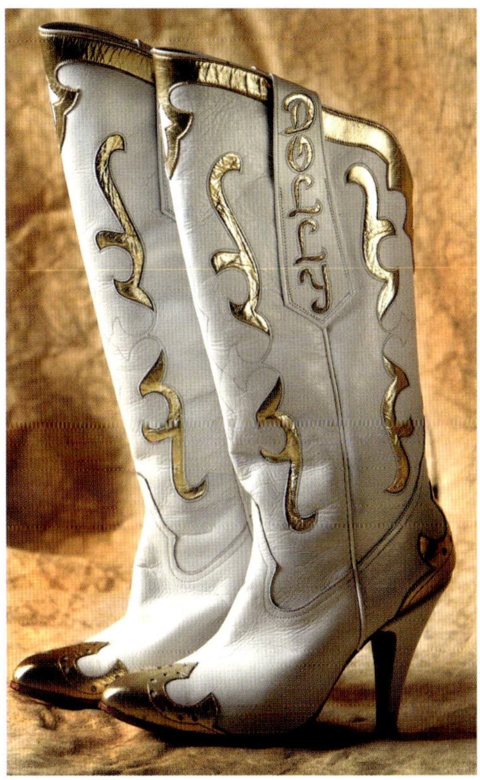

SALTO--GATINHO

Se o escarpim (p. 153) dos anos 1950 era sensual, em pouco tempo um salto mais conservador começou a ser solicitado – ainda um salto, mas meigo, talvez até "de menina". O nome em inglês, *kitten heel*, veio de uma gíria da época que significava garota jovem e inexperiente, para quem um salto afilado e curto, entre 3,5 e 5 cm, mantido por um apoio de metal interno, seria adequado antes de começar a usar sapatos mais altos. Alguns varejistas de sapatos norte-americanos se referiam a ele como "salto de treino".

O uso do rival escarpim era uma decisão – da moda e de outros aspectos – que nem todas as jovens queriam tomar logo após o lançamento do modelo. Assim, as adolescentes começaram a usar o salto-gatinho na esperança de um dia passarem para outros mais altos. Mas muitas mulheres adultas começaram a usá-los também, considerando-os um meio-termo entre os extremos dos escarpins cansativos e dos sapatos baixos nada elegantes e infantis.

O salto-gatinho costumava ter ponta fina, mas sua principal característica – a delicadeza – deixava a mulher bem mais ágil e com um andar menos audacioso. Às vezes, sua altura fazia parte do charme de um modo mais complexo: manter as mulheres mais baixas em relação aos homens, sugerindo juventude e inocência. Como o salto alto era usado desde a era medieval, ele também era sinal de status e poder. A figurinista vencedora do Oscar Edith Head escolheu um par de sapatos de salto-gatinho para Audrey Hepburn usar em *Sabrina* (Billy Wilder, 1954), garantindo que, ao contracenar com Humphrey Bogart, eles não ficassem da mesma altura; assim, o modelo ficou conhecido como "salto Sabrina". Hepburn, que passou a ser relacionada ao estilo (assim como à sapatilha, p. 159), também usou os sapatos alguns anos depois, em *Cinderela em Paris* (Stanley Donen, 1957), para contracenar com Fred Astaire. Nos dois casos, os sapatos eram de Salvatore Ferragamo, o estilista italiano que Hepburn conheceu enquanto morou em Roma para filmar *A princesa e o plebeu* (William Wyler, 1953), e de cujos sapatos ela se tornou fã.

Nos anos 1960, o salto-gatinho ficou par e passo com o escarpim como escolha das mulheres adultas, já que o segundo passou a receber críticas do movimento feminista, antes de estilos mais radicais, como a plataforma (p. 156), voltarem com força nos anos 1970. Apesar da imagem delicada de menina-moça, graças à praticidade o salto-gatinho nunca desapareceu, e foi por esse motivo que ele se tornou popular nos anos 1980 conforme mais mulheres precisaram se vestir para posições executivas no ambiente de trabalho. E, mais uma vez durante os anos 2000 e 2010, o estilo se mostrou ideal para "primeiras-damas", de Michelle Obama, dos Estados Unidos, a Carla Bruni, da França. O salto-gatinho expressava a feminilidade, mas não a *femme fatale* inadequada.

Abaixo: Carla Bruni-Sarkozy, fotografada com salto-gatinho Christian Louboutin no Palácio do Eliseu, em Paris, em 2010. Página ao lado: Cartaz do filme *Bonequinha de luxo* (1961), lançamento italiano, com Audrey Hepburn de salto-gatinho.

AUDREY HEPBURN
COLAZIONE DA TIFFANY
UNA PRODUZIONE JUROW-SHEPHERD
CON GEORGE PEPPARD
E CON PATRICIA NEAL
BUDDY EBSEN
MARTIN BALSAM
VILALLONGA
E MICKEY ROONEY
TECHNICOLOR
Paramount
DIRETTO DA BLAKE EDWARDS · SCENEGGIATURA DI GEORGE AXELROD
PRODOTTO DA MARTIN JUROW E RICHARD SHEPHERD
TRATTO DA UN ROMANZO DI TRUMAN CAPOTE MUSICA DI HENRY MANCINI

PEEP-TOE E SLINGBACK

Se damas da era vitoriana tomavam o cuidado de expor ao mínimo o corpo com seus vestidos, fazendo os cavalheiros palpitarem ao ver um tornozelo à mostra, seria de se pensar que tais preocupações já teriam desaparecido em 1938. Mas a moda para sapatos de dedão e calcanhar à mostra – ambos uma versão da sapatilha padrão (p. 159) e popularizados graças ao designer de sapatos Salvatore Ferragamo – provocou controvérsia quando surgiu. O slingback – sapato aberto no calcanhar – é caracterizado por uma alça que passa por trás do calcanhar ou tornozelo, e o peep-toe tem uma abertura na frente do sapato para permitir que os dedos fiquem à mostra. Em uma época em que ninguém mostrava as pernas longe da praia ou fora de atividades esportivas, os dois modelos, o slingback em especial, eram difíceis de usar com meias porque o calcanhar costumava escorregar e porque as meias da época ainda tinham dedos e calcanhares reforçados.

Em 1939, a editora da *Vogue* norte-americana atacou o slingback: "Desde o início dessa moda, senti que se tratava de um estilo especialmente ruim. Vocês [a indústria de sapatos] deixam as mulheres quase descalças agora". A indústria reagiu: a abertura dos peep-toes foi reduzida e foram acrescentadas tiras às alças do calcanhar nos slingbacks para esconder a parte reforçada das meias. Mas nenhum dos dois modelos desapareceu, ainda que o slingback fosse usado apenas na praia ou como parte das peças para a noite, quando um vestido comprido o esconderia. Nos anos 1940, os fabricantes de meias encontraram uma solução: meias sem o calcanhar ou o dedão reforçados.

Isso foi bom. Ambos tornaram-se modelos que definiram os anos 1940, a década pós-guerra bem menos conservadora, enfeitando os pés de estrelas de Hollywood, de Greta Garbo a Joan Crawford, de Ann Miller a Carmen Miranda (exponente do peep-toe de plataforma), e se tornaram objetos notadamente sexualizados nesse processo. Foi o trabalho de Ferragamo com departamentos de figurinos nos estúdios de Hollywood que ajudou a fazer desses sapatos os eleitos dos mulherões e das *pin-ups*.

Por ironia, dada a controvérsia inicial, o que chamou a atenção de muitos designers e seus clientes a respeito do slingback não foi o fato de ele poder ser calçado e descalçado sem a necessidade de desamarrar a tira do calcanhar, mas que essa tira mantinha o sapato tão firme no pé a ponto de permitir que a gáspea fosse levemente (não tão levemente) menor, deixando o pé mais à mostra ainda. Isso também incentivou o uso de novos materiais sintéticos em cores mais vibrantes e acabamentos incomuns, o que, por si só, foi um bônus diante da escassez de couro no pós-guerra. Como um anúncio da Sears Roebuck divulgou na época: "Belezas sem calcanhar em cores de borboletas – em tons pastel, novos e lindos... ou em tons mais intensos e vivos... Leves, graciosos, eles favorecem ainda mais os pés bonitos e aliviam o calor do verão".

Abaixo: Peep-toe preto de couro da coleção de 2009 do estilista de sapatos francês Christian Louboutin. Página ao lado: Jane Birkin com slingback de salto plataforma, 1973.

ANABELA

Muitos modelos de sapatos têm séculos de existência: o seu simbolismo é tão forte que mesmo experimentações radicais na sapataria mostram que muitos dos designs mais arrojados costumam ser bem mais antigos do que pensamos. Mas a anabela, o antecessor mais acessível da plataforma superalta (p. 156), pode ser datada de 1936, um modelo criado pelo estilista italiano Salvatore Ferragamo. Ele preencheu o espaço entre o salto quadrado tradicional e a sola do sapato, alongando o salto ao estendê-lo embaixo do pé. O uso de madeira tornou o sapato sólido e barato, e seus primeiros designs envolviam dois pedaços de madeira que criavam uma curva em forma de F na parte de trás do salto. Mais tarde, o uso de cortiça em camadas criou anabelas com leveza e antecipou vantagens sobre o posterior início da guerra. A imprensa da moda ajudou a promover o charme delas: a *Harper's Bazaar*, em 1938, disse que "as mulheres italianas [em especial] literalmente enlouqueceram por elas", mas não ofereceu provas de que um modelo de sapato causasse insanidade.

As qualidades do modelo se tornariam importantes no ano seguinte com o início da Segunda Guerra Mundial e os racionamentos. Na verdade, foi a imposição do racionamento que deu à anabela alguns dos benefícios mais especiais. A anabela em camurça tornou-se moda porque podia ser usada em ocasiões formais ou informais e também permitia o uso de cobertura de menor qualidade (a camurça é o resultado da raspagem das imperfeições do couro). Talvez ironicamente, tenha sido também incentivado o uso de peles mais exóticas, como as de serpente, lagarto, crocodilo e jacaré, porque elas eram importadas com facilidade dos Estados Unidos e da América do Sul (em grande parte, não afetada pela guerra), pois eram consideradas inúteis para a guerra. Nos Estados Unidos, onde os materiais estavam mais disponíveis, a lateral de uma anabela podia ser coberta com linho ou ráfia, ao estilo da espadrilha.

Um sapato sólido e equilibrado, a anabela também encontrou popularidade durante esse período em que mais pessoas andavam a pé ou usavam o transporte público porque a maioria dos carros particulares tinha sido reservada para o esforço de guerra ou era muito cara. A anabela atendeu ao apelo de ser estilosa, mas prática. O fato de Ferragamo ter criado, em 1939, um par – com uma sola que reunia camadas de tecido coloridas – para Judy Garland, na época, uma das maiores estrelas do mundo, só ajudou a garantir sua fama. Quando Marilyn Monroe foi fotografada de biquíni usando anabela à beira da piscina em 1950, o modelo, que alongava a perna sem ser desconfortável para andar, se estabeleceu como peça básica do guarda-roupa.

A anabela gozou de popularidade na moda nas décadas seguintes. Nos anos 1970, por exemplo, e de novo nos anos 2010. Apesar de a ideia do salto escondido não ser nova – uma patente para esse design foi solicitada nos Estados Unidos por C. O. Christy em 1952, e as empresas de calçados esportivos também tinham tentado lançar, sem sucesso, alguns modelos nos anos 1990 –, foi a estilista francesa Isabel Marant quem criou essa tendência. Ela mostrou suas modelos na passarela da coleção primavera/verão 2012 usando tênis no estilo Air Force 1, da Nike, com o que podia ser considerado um salto embutido. Logo ela foi muito copiada, e outras empresas aplicaram o conceito a muitos tipos de sapato. "É algo que eu fazia desde a adolescência. Eu cortava cortiça e colocava pedaços nos tênis porque queria ficar mais alta", disse Isabel. "Os sneakers são confortáveis, mas ao mesmo tempo não são muito elegantes. Ter um saltinho faz diferença, alonga as pernas."

Acima: O tênis anabela da Wanted, 2013. Abaixo: O pedido de patente para a anabela – "sapatos com salto elevado, mas sem salto de escarpim" – preenchido por Salvatore Ferragamo em dezembro de 1937. Página ao lado: Anabela em moda de rua, Berlim, 2014.

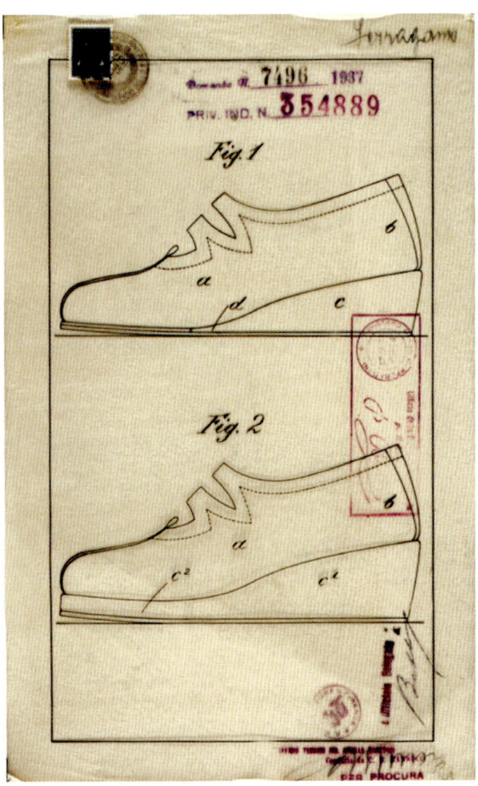

9.

ACESSÓRIOS

echarpe de seda / chapéu-sino / bijuteria / it bag / boina

ECHARPE DE SEDA

A echarpe pode ser usada de muitas maneiras: ao redor do pescoço, como xale, ao redor ou sobre a cabeça, até mesmo como obediência a orientações religiosas – as mulheres cristãs portavam véus, algumas judias casadas usam hoje um *tichel*, e algumas muçulmanas, o *hijab*. A echarpe também tem uma utilidade prática que é proteger e aquecer.

No entanto, a echarpe, sobretudo a de seda estampada, confere certo estilo e, em algumas culturas, certa classe. Usada sobre a cabeça e amarrada embaixo do queixo à moda *babushka* – a palavra significa "avó" em russo –, ela pode denotar maturidade no Leste Europeu ou mesmo tendências aristocráticas na Europa Ocidental. A rainha Vitória conseguiu popularizar o uso de novos acessórios, como as echarpes, cujas qualidades e cores eram usadas como meios de diferenciação de classe. Não é à toa que a rainha Elizabeth II é conhecida por sempre ostentar echarpes.

Enquanto as echarpes de cabeça e de pescoço são usadas desde a Antiguidade egípcia – a rainha Nefertiti vestia uma echarpe de cabeça por baixo de adereços – e durante a Idade Média, na era moderna elas também se estabeleceram como itens de moda. Napoleão Bonaparte ajudou a criar uma tendência para elas, enviando echarpes de caxemira para sua imperatriz Josefina, e a pioneira norte-americana da dança moderna do início do século XX, Isadora Duncan, popularizou o uso de lenços longos e esvoaçantes, mas pagou caro por isso – ela morreu quando seu lenço ficou preso na roda do carro em que era passageira e quebrou seu pescoço ("as afetações podem ser perigosas", disse Gertrudes Stein). Foi a era de ouro de lojas como a Liberty of London, cujas estampas *art nouveau* ficaram perfeitas na echarpe de cabeça.

Mas as peças da Liberty foram antecedidas pela líder de mercado e fabricante dos exemplares mais desejáveis da echarpe de seda:

Página ao lado: A atriz norte-americana Faye Dunaway em uma imagem do filme *Bonnie e Clyde* (1967), ambientado nos anos 1930. Abaixo, à esquerda: A atriz norte-americana Gene Tierney combina a echarpe de cabeça com a roupa de banho e com o leopardo, em 1954. Abaixo, à direita: Seleção de echarpes de seda de Hermès, um dos fabricantes mais famosos do mundo.

A modelo britânica Twiggy combina a echarpe com a sombra na maquiagem, em 1970.

a empresa francesa Hermès. Ela lançou seu primeiro *carré*, como é chamada sua echarpe quadrada de seda, em 1937, sob a direção de Robert Dumas Hermès, com uma estampa ilustrando a inauguração da linha de ônibus parisiense Madeleine–Bastilha (as echarpes costumam ser criadas e vendidas como suvenir). A empresa passou a contratar artistas, de Cassandre a Jean-Louis Clerc, para criar *carrés* de seda colecionáveis de 90 cm^2.

Mas a história da echarpe não foi só a suavidade da seda. O advento do raiom nos anos 1920 deixou as estampas mais criativas e tornou o preço mais acessível. Nos anos 1950, a echarpe teve seu ápice: era colorida, mas discreta e, sobretudo, uma peça feminina – características que poderiam ser aplicadas às mulheres que a usavam, como Grace Kelly, Elizabeth Taylor e Audrey Hepburn. "Quando uso uma echarpe de seda, eu me sinto extremamente feminina e bonita", disse Hepburn.

No entanto, essas mesmas características não combinavam com a revolução sexual e a política de gêneros dos anos 1960, apesar das estampas nada conservadoras de estilistas como Elsa Schiaparelli. Na década seguinte, a echarpe ganhou as primeiras aplicações de logos de grifes, um novo modernismo em estampas e seu relançamento como uma peça diferente (algo que pudesse ser usado criativamente, como um cinto ou até mesmo amarrada no torso como um tipo de top *bandeau*). No século XXI, a nova tecnologia de impressão digital deu vida nova à echarpe de seda, mas quase nunca ela era usada no estilo *babushka*, exceto pela rainha da Inglaterra.

A atriz norte-americana Janet Leigh usa uma echarpe de seda floral no fim dos anos 1960.

CHAPÉU--SINO

Acima: A atriz norte-americana Angelina Jolie no filme *A troca* (2008). Página ao lado: Marlene Dietrich no estilo melindrosa dos anos 1920.

Poucos chapéus são tão representativos de uma era quanto o chapéu-sino, ou *cloche* ("sino", em francês). Essa construção simples de feltro, emblemática dos anos 1920, no início era feita por um chapeleiro que colocava uma folha de feltro em cima da cabeça de uma cliente, cortando e dobrando o pano no formato de um sino. O chapéu foi invenção da modista francesa autodidata Caroline Reboux, por volta de 1908, cuja loja parisiense era o refúgio das celebridades que ditavam a moda na época, como Marlene Dietrich e Wallis Simpson. Foi Caroline quem ajudou a popularizar outros adornos de cabeça que definiram a década: o turbante *lamé* e os chapéus com véu. Centenas de criações da modista estão em exposição no Musée de la Mode et du Textile, em Paris.

Estabelecido em 1916, o chapéu-sino foi feito para ser usado bem baixo na parte da frente, permitindo um nível de proteção e de privacidade e sugerindo certa timidez e altivez. Quem os usava precisava manter a cabeça erguida para olhar por onde andava, uma pose de orgulho que também combinava com a emancipação das mulheres. "O chapéu-sino tem um mistério", disse Mark Bridges, figurinista do filme vencedor do Oscar *O artista* (Michel Hazanavicius, 2011). "Esconde metade do rosto, praticamente, e é recatado." Bridges não foi o único a eleger o chapéu-sino para mostrar um momento específico da época; em filmes como *O namoradinho* (Ken Russell, 1971) e *A troca* (Clint Eastwood, 2008) foi feito o mesmo.

O primeiro modelo tinha uma aba mais ampla. A cada evolução do design, Reboux cortava mais da aba até criar um modelo quase sem aro, mais alegre, mais enxuto e definitivamente mais moderno. O chapéu-sino livrava a mulher do peso e do inconveniente dos chapéus grandes e decorados demais da era vitoriana e ainda era discreto em seus detalhes, que, depois de 1925, seguiram a influência *art déco* da década: apliques, broches, bordados e coisas do tipo, normalmente apenas de um lado do chapéu. As abastadas também escolhiam modelos com técnicas complexas de construção, como costura em zigue-zague. Apesar de o feltro ter a vantagem de ser facilmente moldado, permitindo que o chapéu-sino fosse produzido em massa, modelos mais caros com seda, crina, contas, renda e bambu apareceram. Um chapéu-sino feito para a loja de departamentos londrina Liberty em 1928, produzido para ser usado em um casamento, vinha com penas azuis de avestruz e forro de tafetá de seda.

O estilo também combinava com os cortes de cabelo mais curtos da época, mantendo os penteados mais simples, no estilo masculino. O corte bob curto surgiu por volta de 1926, e dizem que foi inspirado no formato do chapéu-sino. A atriz de cinema Louise Brooks, que adotou o corte e o popularizou, também usava chapéus-sino. Casas de moda, como a Lanvin, abriram até ateliês para produzir unidades do modelo que combinassem com suas roupas.

No fim dos anos 1920, houve a tendência de virar para cima as abas do chapéu. A voga durou até o retorno de cortes de cabelo mais complexos, no final da década, o que fez com que o chapéu-sino saísse de moda em meados dos anos 1930. Ele reapareceu desde então – durante os anos 1960 e de novo na versão de aba com botão, de Patrick Kelly, na década de 1980, e, em 2007, quando a revista *Elle* publicou que o chapéu era o "acessório da moda do momento".

A estilista francesa Coco Chanel, com seu característico colar de pérolas, em 1936.

BIJUTERIA

De certo modo, a bijuteria foi a precursora da *fast fashion*. As joias foram, durante gerações, feitas para passar de geração a geração. Elas eram, por definição, preciosas e atemporais, e isso se refletia nos materiais usados e na arte empregada para fazê-las. A bijuteria (em inglês, *costume jewellery*, sendo *costume* uma palavra usada atualmente para se referir a uma fantasia) foi feita para ter vida curta, como o estilo de roupa que complementaria.

A Tchecoslováquia se tornou a líder mundial em produção de bijuteria nos anos 1930. Mas seu propósito não era necessariamente ser barata. Peças acessíveis eram feitas desde o século XVIII, com vidro, argila e metais imitando pedras preciosas e ouro. No século XIX, com a classe média emergente, também houve demanda por um produto barato, mas não uma imitação, resultando no aumento da produção com, por exemplo, pedras semipreciosas e ouro laminado. Mas os dois tipos ainda eram considerados joias para usar ao longo da vida. Não tanto a bijuteria, pois assim como as roupas, ela saía de moda e precisava ser substituída.

Os primeiros designs do início do século XX são aqueles atribuídos a Coco Chanel durante os anos 1920. Ela produzia peças com pérolas falsas, incentivando o uso do colar de pérolas como moda, tornando-o uma assinatura do seu próprio estilo. Outros estilistas procuraram aproveitar ao máximo os designs gráficos então populares graças ao movimento *Art Déco*, que pretendia unir a arte com a produção em massa. As joias logo deixaram de ser sensualmente curvilíneas e passaram a adotar formas geométricas. Mas, ao longo dos anos 1930, sobretudo com o início da Segunda Guerra, que destruiu grande parte das empresas de bijuteria europeias, com muitos estilistas emigrando para os Estados Unidos, prevaleceu um clima mais norte-americano, unindo o glamour de Hollywood com novos e surpreendentes materiais.

O broche Palm Beach de Kenneth Jay Lane, em 2011, custava apenas US$ 100.

Com as pressões da guerra, quando eram poucas as mudanças na moda e as roupas tinham que durar, tornou-se algo comum e frequente usar acessórios para dar uma nova cara a uma roupa. Como o jornal *The New York Times* publicou em 1943: "Os estilistas têm trabalhado muito e desenvolvido diversas criações boas com materiais comuns. Tudo, desde espaguete até tecido mergulhado em cera, está sendo utilizado para produzir peças bonitas e divertidas [bijuterias], para dar um toque único aos trajes e vestidos mais simples". O acetato era tratado para imitar pedras brilhantes, o plástico, polido para simular "frutos brilhando cobertos por orvalho", o papel era acrescentado, prateado ou liso, e misturado com cerâmica. Couro, madeira, conchas, palha, lã, tecido e vidro moldado podiam ser usados. O espaguete, a propósito, era colorido, fixado e retorcido em colares de corda, depois seco, para não amolecer.

Abaixo: A socialite italiana princesa Luciana Pignatelli com um colar e top de bijuteria da Tiziani Boutique, em 1966. Mais abaixo: A atriz norte-americana Grace Kelly em uma cena do filme *Ladrão de casaca* (1955).

A mudança nas bijuterias foi tamanha que, a partir dos anos 1940, empresas passaram a oferecer kits do tipo "monte a sua bijuteria". Uma empresa de Chicago, a Flower Materials, lançou um projeto no qual as pessoas podiam fazer bijuterias em seu tempo livre para vender a amigos. "Você só precisa selecionar as peças para um anel, colar ou pulseiras e acrescentar a beleza brilhante de pedras coloridas, strass reluzentes ou pérolas majestosas", explicava o catálogo de 1951. "E os resultados – lindas bijuterias feitas com suas próprias mãos, que parecem joias de verdade e caras, que você sentirá orgulho de usar."

Longe de ser consideradas uma alternativa pobre, as bijuterias logo se tornaram prestigiadas por direito próprio: não só pelo nome Chanel, mas também por Pennino, Sphinx, Crown Trifari, Lisner, Miriam Haskell, Kim Craftsmen e Kenneth Jay Lane. A bijuteria, afinal, era um produto que as estrelas de cinema, principalmente Jane Russell, Vivien Leigh e Elizabeth Taylor, gostavam de usar e relacionar a seus nomes nas propagandas. Kenneth Jay Lane criou peças únicas para celebridades como Audrey Hepburn e Jacqueline Kennedy Onassis.

A acessibilidade da bijuteria incentivava tanto um design mais extravagante quanto mudanças no modo de usar. Em vez de ser uma peça única, que chamava a atenção, a bijuteria era composta: dezenas de pulseiras em um braço, vários colares de comprimentos diversos e brincos grandes. O *US* de 1951 trazia em um artigo: "Este inverno pode ficar marcado na história da moda como a época em que a velha crítica 'ela está parecendo uma árvore de Natal' se tornou um elogio". Como a bijuteria também trazia consigo a ideia da novidade, foi criado um par de brincos em forma de árvore de Natal.

A modelo Suzy Parker com colar de pedra da lua falsa e brincos de Miriam Haskell, em 1957.

IT BAG

O termo vem da indústria da moda dos anos 1990 para uma bolsa de marca de preço alto e que emprestava a referência à *it girl* Clara Bow no filme mudo de 1927, *O não sei quê das mulheres*. Independentemente de poder ou não ser chamada de a verdadeira it bag, a bolsa Kelly da Hermès tomou um caminho curioso para a fama. Criada em 1923 por Émile-Maurice Hermès e Ettore Bugatti (dos fabricantes italianos de carros) e conhecida como *Haut à Courroies* (bolsa com alças grandes), a bolsa foi inspirada em uma sela de 1892. Robert Dumas, o genro de Hermès, atualizou a nos anos 1930 como uma bolsa de viagem espaçosa chamada *sac à dépêche*. Mas ela ganhou destaque no filme *Ladrão de casaca* (1955), quando a figurinista Edith Head escolheu uma para Grace Kelly usar. A bolsa, um trapézio fechado com duas tiras, tem quatro cravos embaixo e uma única alça e é vendida em oito tamanhos. O cadeado, as chaves e as peças de ferro são feitos de ouro branco ou amarelo, e a confecção de cada bolsa demora entre dezoito e 25 horas.

Grace Kelly a usava também fora do set. Pouco mais de um ano depois, casada com o príncipe Rainer III de Mônaco, ela apareceu na capa da revista *Life*, em 1956. Ali estava a bolsa: no colo da estrela, menos como sinal de seu bom gosto e praticidade e mais como um meio de esconder sua gravidez. Kelly aderiu ao modelo com tanta fidelidade e constância que, apesar de outras estrelas, como Ingrid Bergman e Marlene Dietrich, usarem o mesmo modelo, ela ganhou, extraoficialmente, o nome de Kelly. Em 1977, Hermès oficializou o nome da bolsa como Kelly. Ela se tornou tanto uma afirmação quanto um símbolo de status, abrindo o caminho para as bolsas dizerem muito mais sobre quem as usava do que para carregar coisas. As empresas relacionadas à moda então corriam atrás do sonho do alquimista de transformar couro no ouro da moda: a icônica bolsa – e muitas tentaram.

Página ao lado: Grace Kelly, segurando a bolsa Hermès que leva seu nome, em 1956. Acima: Bolsa Chanel matelassada da coleção outono/inverno de 2005/06. À direita: Bolsa Bamboo da Gucci, no desfile da marca em janeiro de 2012.

Audrey Hepburn com sua bolsa Louis Vuitton passando pela alfândega em um aeroporto em 1968.

A Hermès descobriu ouro de novo em 1981, quando um encontro casual entre a atriz Jane Birkin e o presidente da companhia, Jean-Louis Dumas, em um voo fez surgir uma ideia. Quando a bolsa de palha de Birkin quebrou, espalhando seus pertences pelo avião, ele decidiu criar uma versão mais espaçosa da Kelly, lançada em 1984, com alças duplas e abas que impedissem a queda de objetos. Mais uma vez, a lealdade de Birkin ao modelo (até ela ter afirmado, em tom de brincadeira, estar se machucando ao carregar muita coisa) fez com que seu nome fosse dado à bolsa. Vendida em uma grande variedade de couros, do avestruz a crocodilo, a bolsa tem forro de pele de cabra e pode até ser incrustrada de diamantes.

Outras it bags notáveis são a Speedy, de Louis Vuitton, criada em 1932, parecida com uma maleta tradicional de médico e adorada por Audrey Hepburn, que pediu que a empresa fizesse uma versão menor para ela; a Chanel 2.55, uma bolsa-carteira matelassada e com alças de corrente de 1955; as bolsas Bamboo e Constance, da Gucci, normalmente vistas no braço de Jacqueline Kennedy Onassis ao longo dos anos 1960; e a Baguette, da Fendi, feita por Silvia Venturini Fendi, em 1997, para ser levada embaixo do braço como o pão francês de mesmo nome. A lista continua: a mochila preta de náilon Prada, a Paddington, da Chloé, a Bayswater, da Mulberry, e a Intrecciato, de Bottega Veneta – uma bolsa de couro trançado criada por Tomas Maier, que um dia disse ser a ideia por trás da it bag "uma grande porcaria comercializada".

A atriz britânica Jane Birkin, com a bolsa Birkin Hermès, em um desfile de moda em 2004.

Talvez ele tivesse razão. Quando as bolsas substituíram os bolsos na França revolucionária no fim dos anos 1700, elas foram chamadas de indispensáveis pelos ingleses (que logo seguiram o modelo dos franceses), sugerindo até uma dependência desses acessórios. Mas na França as chamavam de ridículas, rindo da atenção que as mulheres davam a elas (ainda que a maior frequência nas viagens e as limitações da vestimenta as tornassem práticas cerca de 50 anos depois). Mas, certo ou não, as listas de espera das it bags no fim do século XX mostravam como elas eram inegavelmente desejadas. Talvez, um indício de que a bolsa se tornaria uma it bag fosse a rapidez com que versões falsificadas eram vendidas nas bancas de rua.

BOINA

Associada com frequência não apenas à moda masculina, mas particularmente à moda máscula, a boina tem origem nos pescadores e criadores de ovelhas bascos, uma versão de chapéu parecido com o que data da Idade do Bronze. Também era muito usada como parte do uniforme informal dos militares de muitas forças armadas pelo mundo, a começar pelos franceses, em 1889. Tem certa associação estereotipada com a Resistência Francesa durante a Segunda Guerra Mundial, mas também uma forte relação com alguns dos homens mais icônicos da segunda metade do século XX: Pablo Picasso, Che Guevara, Dizzy Gillespie, Ernest Hemingway, John Lennon e figuras da geração beat, entre outros. Talvez surpreenda o fato de a boina, com conotação artística, boêmia e revolucionária, ter espaço no guarda-roupa feminino.

Abaixo: Twiggy posa na frente de uma foto sua durante os anos 1970 usando uma boina. Mais abaixo: A atriz sueca Greta Garbo em uma cena do filme *Como me queres* (1932).

Se tem lugar entre as mulheres, é devido à sua praticidade. Geralmente usada em marrom, vermelho ou azul, apesar de o preto ser o básico, a boina era fácil de fazer com um pedaço de feltro de lã, o que a tornava acessível e protetora. Sem aba e macia, com o topo achatado, e por isso dobrável, é confortável e fácil de combinar. É, acima de tudo, uma das peças mais simples e versáteis para cobrir a cabeça, se acomoda bem e pode ser usada de várias maneiras: caída para o lado, sobre a cabeça ou puxada para a frente, entre outras.

As mulheres, entre elas Coco Chanel, passaram a valorizar a praticidade da boina como peça esportiva durante os anos 1920, usando-a puxada para baixo como um chapéu-sino (p. 188), um modelo que seria substituído. No fim da década, o chapéu havia deixado de lado a tendência historicamente masculina camponesa e se tornado um item de moda para as mulheres. De modo mais progressista, Marlene Dietrich usava uma boina presa na lateral da cabeça, comprada da chapeleira Caroline Reboux, em Paris, como um item decorativo, e não de proteção. Greta Garbo e Jean Harlow também adotaram o estilo. Lauren Bacall usou uma boina ao longo dos anos 1940, quando a peça se tornou mais difundida, em parte devido à facilidade com que podia ser feita, em muitas cores e de malha de algodão, lã ou fibras acrílicas. Em 1954, os fabricantes Kangol divulgaram que suas boinas Anglobasque, Tambourin e Beret Capette eram vendidas em "40 cores fascinantes". No entanto, mais tarde, nos anos 1950, e devido aos penteados cada vez mais complexos, a procura pela boina diminuiu. Mas ela foi revitalizada como símbolo do patriotismo francês, e naturalmente Brigitte Bardot usaria uma.

Poderíamos dizer que foi um filme que ajudou a reavivar o interesse pela peça fora da França. A boina era um dos elementos-chave do traje de gângster de Faye Dunaway em *Bonnie e Clyde* (Arthur Penn, 1967), de tal modo que a figurinista do filme, Theadora van Runkle, percebeu que "a boina era o ápice da silhueta (p. 184). Ela combinava todos os elementos visuais do elegante e do chique. Sem a boina, teria sido charmoso, mas não seria a mesma coisa". No ano seguinte, a influente modelo britânica Twiggy usou uma, e a estilista Mary Quant, da Londres dos anos 1970, lançou uma linha de boinas em doze cores fortes. A boina havia se tornado tão integrada ao guarda-roupa feminino que o jornal *The Guardian* publicou em 2012: "Uma boina em um homem é ridícula".

Modelo posa com boina da estilista britânica Mary Quant, em 1967.

LEITURAS SUGERIDAS

BLACKMAN, Cally. *100 anos de moda*. Publifolha, 2012.

CUMMING, Valerie. *Understanding fashion history*. Batsford, 2011.

THE DESIGN MUSEUM. *Cinquenta vestidos que mudaram o mundo*. Autêntica, 2010.

DIRIX, Emmanuelle; FIEL, Charlotte. *A moda da década: 1930*. Publifolha, 2014.

ENGLISH, Bonnie. *A cultural history of fashion in the 20th and 21st centuries: from catwalk to sidewalk*. 2ª ed. Bloomsbury Academic, 2013.

FUKAI, Akiki. *Fashion: a history from the 18th to the 20th century*. Taschen, 2006.

LAVER, James; HAYE, Amy de lay. *Costume and fashion: a concise history*. Thames and Hudson, 2002.

NEWMAN, Alex; SHARIFF, Zakee. *Dicionário ilustrado – moda de A a Z*. Publifolha, 2011.

ROTHSTEIN, Natalie (Ed.). *400 years of fashion*. V&A Publishing, 1999.

SIMS, Josh. *100 ideas that changed street style*. Laurence King, 2014.

WORSLEY, Harriet. *100 ideas that changed fashion*. Laurence King, 2011.

WILCOX, Claire (Ed.). *Fashion in detail 1700-2000*. V&A Publishing, 2013.

ÍNDICE

CRÉDITOS ICONOGRÁFICOS

4 Alan Band/Keystone/Getty Images; **6** Horst P. Horst/The Condé Nast Publications; **7** Frances McLaughlin-Gill/The Condé Nast Publications; **8** Roger-Viollet/Rex Features; **9** Getty Images; **10** John Rawlings/The Condé Nast Publications; **12** Franco Rubartelli/The Condé Nast Publications; **13** (**esquerda**) Kobal; **13** (**direita**) Everett Collection/Rex Features; **14**; **15** (**abaixo**) Max Mumby/Indigo/Getty Images; **15** (**direita**) John Kobal Foundation/Getty Images; **16** (**abaixo**) Arquivo Hulton/Getty Images; **16** (**mais abaixo**) Bert Morgan/Getty Images; **17** David Cheskin/Arquivo PA/Press Association Images; **18** Fin Costello/Redferns/Getty Images; **19** (**esquerda**) Moviestore Collection/Rex Features; **19** (**direita**) Daniel SIMON/Gamma-Rapho via Getty Images; **20** (**esquerda**) Mr Hartnett/PYMCA/Rex Features; **20** (**abaixo**) Kevin Winter/Getty Images; **21** Reg Lancaster/Express/Getty Images; **22** (**acima**) Frank Barratt/Keystone/Getty Images; **22** (**abaixo**) Bruno Barbey/Magnum Photos; **23** Chaloner Woods/Getty Images; **24** Silver Screen Collection/Arquivo Hulton/Getty Images; **26** Larry Ellis/Express/Getty Images; **27** (**esquerda**) Bettmann/CORBIS; **27** (**direita**) Arquivo Hulton/Getty Images; **28** (**esquerda**) Terry O'Neill/Getty Images; **28** (**direita**) Giovanni Giannoni/The Condé Nast Publications; **29** Jack Garofalo/Paris Match via Getty Images; **30** KAMMERMAN/Gamma-Rapho via Getty Images; **31** (**esquerda**) Philippe Halsman/Magnum Photo; **31** (**direita**) Cecil Beaton/The Condé Nast Publications; **32** AP/Press Association Images; **33** Ferdinando Scianna/Magnum Photos; **34** (**acima**) TopFoto; **34** (**abaixo**) Popperfoto/Getty Images; **35** Popperfoto/Getty Images; **36** John Rawlings/The Condé Nast Publications; **37** (**esquerda**) Henry Clarke/The Condé Nast Publications; **37** (**direita**) Toni Frissell/The Condé Nast Publications; **38** (**acima**) Raymond de Lavererie/The Condé Nast Publications; **38** (**abaixo**) David Cheskin/Arquivo PA/Press Association Images; **39** PIERRE GUILLAUD/AFP/Getty Images; **40** Sabine WEISS/Gamma-Rapho via Getty Images; **42** Rex Features; **43** Reg Lancaster/Getty Images; **44** (**abaixo**) Richard Young/Rex features; **44** (**direita**) Frances McLaughlin-Gill/The Condé Nast Publications; **45** Silver Screen Collection/Getty Images; **46** (**acima**) Barratts/S&G Barratts/Arquivo EMPICS; **46** (**esquerda**) Getty Images; **47** (**acima**) Erik C. Pendzich/Rex Features; **47** (**direita**) Popperfoto/Getty Images; **48** Slim Aarons/Arquivo Hulton/Getty Images; **49** (**esquerda**) Paul Schutzer/Time & Life Pictures/Getty Images; **49** (**direita**) Max B. Miller/Fotos International/Getty Images; **50** The Condé Nast Publications; **51** Sipa Press/Rex Features; **52** Silver Screen Collection/Getty Images; **53** (**esquerda**) Ron Galella/WireImage/Getty Images; **53** (**direita**) John Kobal Foundation/Getty Images; **54** (**esquerda**) Susan Wood/Getty Images; **54** (**direita**) The Condé Nast Publications; **55** Silver Screen Collection/Getty Images; **56** (**acima**) Richard Young/Rex Features; **56** (**abaixo**) Moviestore Collection/Rex Features; **57** Com a permissão de Laura Ashley Ltd; **58** Rex Features; **59** Moviestore Collection/Rex Features; **60** (**esquerda**) Petre Buzoianu/Corbis; **60** (**abaixo**) AFP/Getty Images; **61** Peter Foley/Corbis; **62** (**acima**) Com a permissão de Laura Ashley Ltd; **62** (**direita**) Chaloner Woods/Getty Images; **63** Rex Features; **64** AKM-GSI/Splash News/Corbis; **65** Raymond Depardon/Magnum Photos; **66** Keystone-France/Gamma-Keystone via Getty Images; **67** Bill Ray/Time Life Pictures/Getty Images; **68** Bern Stern/The Condé Nast Publications; **69** David McCabe/The Condé Nast Publications; **70** (**acima**) Reuters/Corbis; **70** (**direita**) Roger-Viollet/Topfoto; **71** Everett Collection/c.20thC. Fox/Rex Features; **72** Eve Arnold/Magnum Photos; **74** Ghislain DUSSART/Gamma-Rapho via Getty Images; **75** Brian McCreeth/Rex Features; **76** (**esquerda**) Tom Pilston/The Independent/Rex Features; **76** (**abaixo**) Keystone/Getty Images; **77** Michael Brennan/Getty Images; **78** Time Life Pictures/Getty Images; **79** Henry Clarke/The Condé Nast Publications; **80** Juan Naharro Gimenez/WireImage/Getty Images; **81** Silver Screen Collection/Getty Images; **82** Topical Press Agency/Getty Images; **83** (**acima**) Henry Clarke/The Condé Nast Publications; **83** (**direita**) Hulton-Deutsch Collection/CORBIS; **84** Eve Arnold/Magnum Photos; **85** Propaganda da Calvin Klein, cortesia da Calvin Klein, fotografia © The Richard Avedon Foundation; **86** (**esquerda**) Bettmann/CORBIS; **86** (**direita**) Monica Mcklinski/Getty Images; **87** John Aquino/The Condé Nast Publications; **88** Guy Marineau/The Condé Nast Publications; **89** (**abaixo**) Startraks Photo/Rex Features; **89** (**direita**) Alan Band/Keystone/Getty Images; **90** (**esquerda**) Steve Schapiro/Corbis; **90** (**abaixo**) Simins Peter/The Condé Nast Publications; **91** David Seymour/Magnum Photos; **92** Nicolas Tikhomiroff/Magnum Photos; **93** PIERRE VERDY/AFP/Getty Images; **94** (**esquerda**) Time Life Pictures/Getty Images; **94** (**direita**) Bob Thomas/Popperfoto/Getty Images; **95** Express Newspapers/Getty Images; **96** Mary Evans Picture Library; **97** Patrick Demarchelier/The Condé Nast Publications; **98** (**acima**) Gene Lester/Getty Images; **98** (**esquerda**) Catherine Farrell/WireImage/Getty Images; **99** Arquivo Ronald Grant; **100** (**acima**) Lawrence Lucier/Getty Images; **100** (**esquerda**) David Lees//Time Life Pictures/Getty Images; **101** Dave Yoder/The Condé Nast Publications; **102** Everett Collection/Rex Features; **104** Willy Rizzo/Paris Match via Getty Images; **105** (**esquerda**) RDA/Arquivo Hulton/Getty Images; **105** (**direita**) Splash News/Corbis; **106** Nina Leen/Time & Life Pictures/Getty Images; **107** Arquivo Terence Donovan/Getty Images; **108** Rob Kim/Getty Images; **109** (**esquerda**) Time Life Pictures/Mansell/Time Life Pictures/Getty Images; **109** (**direita**) Fotos de Arquivo/Getty Images; **110** Everett Collection/Rex Features; **111** (**acima**) Karlin Lynn/The Condé Nast Publications; **111** (**abaixo**) Gianni Penati/The Condé Nast Publications; **112** (**acima**) Picture Post/Arquivo Hulton/Getty Images; **112** (**abaixo**) Tim Graham/Getty Images; **113** Chaloner Woods/Getty Images; **114** Startraks Photo/Rex Features; **115** (**esquerda**) Everett Collection/Rex Features; **115** (**direita**) Silver Screen Collection/Getty Images; **116** Reuters/CORBIS; **117** Jim Steinfeldt/Arquivos Michael Ochs/Getty Images; **118** (**acima**) Michael Putland/Getty Images; **118** (**abaixo**) Neil Munns/Arquivo PA/Press Association Images; **119** Arquivos Michael Ochs/Getty Images; **120** (**acima**) Victor Boyko/Getty images for IRFÉ Paris; **120** (**esquerda**) Everett/c.HBO/Rex Features; **121** Arquivo CBS Photo/Getty Images; **122** Weegee(Arthur Fellig)/International Center of Photography/Getty Images; **124** Buyenlarge/Getty Images; **125**

Maureen Donaldson/Getty Images; **126** Pierluigi Praturlon/Rex Features; **127** (**esquerda**) United Artists/Fotos de Arquivo/Getty Images; **127** (**direita**) Ferdinando Scianna/Magnum Photos; **128** Eugene Adebari/Rex Features; **129** PA/Tophams/Topham Picturepoint/Press Association Images; **130** Everett Collection/Rex Features; **131** Eduardo Garcia Benito/The Condé Nast Publications; **132** Fred Prouser/Reuters/Corbis; **133** RICHARD YOUNG/Rex Features; **134** (**acima**) Stebbing/Henry Guttmann/Getty Images; **134** (**esquerda**) GILL ALLEN/AP/Press Association Images; **135** Guy Marineau/The Condé Nast Publications; **136** John Kobal Foundation/Getty Images; **138** Eve Arnold/Magnum Photos; **139** SSPL/Getty Images; **140** (**acima**) Peter Kramer/Getty Images; **140** (**abaixo**) Everett Collection/Rex Features; **141** Bourgeron Collection/RDA/Arquivo Hulton/Getty Images; **142** Moviestore Collection/Rex Features; **143** (**acima**) Everett Collection/Rex Features; **143** (**direita**) Sipa Press/Rex Features; **144** Harry Langdon/Getty Images; **145** Arquivo Hulton/Getty Images; **146** AP/AP/Press Association Images; **147** Ilustração "Rosie the Riveter" fornecida pelo SEPS. Todos os direitos reservados & Impresso com a permissão da Norman Rockwell Family Agency. Copyright © the Norman Rockwell Family Entities; **148** (**acima**) Rex Features; **148** (**direita**) Everett Collection/Rex Features; **149** (**esquerda**) Transcendental Graphics/Getty Images; **149** (**direita**) Marisa Rastellini/Mondadori Portfolio via Getty Images; **150** Everett Collection/Rex Features; **152** Patrick Demarchalier/The Condé Nast Publications; **153** Manolo Blahnik; **154** Guy Bourdin/Art & Commerce; **155** Jamie McCarthy/Getty Images; **156** Cortesia do Museo Salvatore Ferragamo, Florence; **157** (**direita**) Everett Collection/Rex Features; **157** (**abaixo**) Christopher Simon Sykes/Arquivo Hulton/Getty Images; **158** SNAP/Rex Features; **159** Everett Collection/Rex Features; **160** (**acima**) TopFoto/UPP; **160** (**abaixo**) JACKY NAEGELEN/Reuters/Corbis; **161** Rex Features; **162** Land Lost Content/HIP/TopFoto; **163** Keystone/Getty Images; **164** MEDIA PRESS/REX; **165** (**esquerda**) Keystone-France/Gamma-Keystone via Getty Images; **165** (**direita**) Bettmann/CORBIS; **166** Jack Robinson/Arquivo Hulton/Getty Images; **167** (**esquerda**) SSPL/Getty Images; **167** (**direita**) Cortesia do Museo Salvatore Ferragamo, Florence; **168** Herbert Gehr/Life Magazine/Time & Life Pictures/Getty Images; **169** (**ambas**) Snap/Rex Features; **169** (**acima**) Victoria and Albert Museum, Londres; **170** Mondadori Portfolio via Getty Images; **171** Jean-Claude Deutsch/Paris Match via Getty Images; **172** Terry O'Neill/Getty Images; **173** (**esquerda**) Peter Stackpole/Life Magazine/Time & Life Pictures/Getty Images; **173** (**direita**) Danny Lehman/Corbis; **174** Evening Standard/Getty Images; **175** (**acima**) Henry Lamb/BEI/Rex Features; **175** (**direita**) Kathryn Osler/The Denver Post via Getty Images; **176** Mousse – Orban Thierry/ABACA/Press Association Images; **177** Snap/Rex Features; **178** Fairchild Photo Service/The Condé Nast Publications/Corbis; **179** Rex Features; **180** (**acima**) John Aquino/The Condé Nast Publications; **180** (**abaixo**) Cortesia do Museo Salvatore Ferragamo, Florence; **181** Timur Emek/Getty Images; **182** Snap/Rex Features; **184** Everett Collection/Rex Features; **185** (**esquerda**) Silver Screen Collection/Getty Images; **185** (**direita**) Kasia Wandycz/Paris Match via Getty Images; **186** Justin de Villeneuve/Arquivo Hulton/Getty Images; **187** Arquivo Hulton/Getty Images; **188** Everett Collection/Universal/Rex Features; **189** Corbis; **190** Lipnitzki/Roger Viollet/Getty Images; **191** J.Gwendolynne Berry/ZUMA Press/Corbis; **192** (**acima**) Henry Clarke/The Condé Nast Publications; **192** (**abaixo**) Everett Collection/Rex Features; **193** The Condé Nast Publications/Corbis; **194** Howard Sochurek/Time & Life Pictures/Getty Images; **195** (**acima**) Stephane Cardinale/People Avenue/Corbis; **195** (**direita**) Elena Braghieri/Getty Images; **196** Everett Collection/Rex Features; **197** Michel Dufour/WireImage/Getty Images; **198** (**acima**) Hulton-Deutsch Collection/CORBIS; **198** (**abaixo**) Everett Collection/Rex Features; **199** Keystone-France/Gamma-Keystone via Getty Images